Lebendige Logotherapie

Veröffentlicht von

ELISABETH LUKAS
ARCHIV

www.elisabeth-lukas-archiv.de

Dr. Heidi Schönfeld
Nürnberger Straße 103a
D-96050 Bamberg
info@elisabeth-lukas-archiv.de

Elisabeth Lukas, Heidi Schönfeld
Sinnvoller Verzicht
Krisenmanagement neu gedacht

Umschlaggestaltung, Satz und Layout:
© Bernhard Keller, Köln

Lektorat: Dunja Braun, Bamberg

Druck und Vertrieb: tredition, Hamburg
ISBN 978 3 384 33473 2

Elisabeth Lukas – Heidi Schönfeld

SINNVOLLER VERZICHT

Krisenmanagement neu gedacht

Elisabeth Lukas – Heidi Schönfeld

SINNVOLLER VERZICHT

Krisenmanagement neu gedacht

LEBENDIGE LOGOTHERAPIE

Publikationsserie im Elisabeth-Lukas-Archiv

Inhalt

Teil II: Falldokumentationen aus der logotherapeutischen Praxis

(Heidi Schönfeld)

Die Autorinnen

Vorwort zur Buchreihe

(Heidi Schönfeld)

Der zeitgenössische Mensch hat in der Regel genug, wovon er leben kann. Was ihm aber oft fehlt, ist das Wissen um ein Wozu seines Lebens.

Mit dieser Diagnose fasste der Wiener Psychiater, Neurologe und Begründer der Logotherapie, Viktor E. Frankl, ein Kernproblem zusammen, das bis heute nichts von seiner Aktualität verloren hat. Die vom Elisabeth-Lukas-Archiv in Bamberg herausgegebene Buchreihe „Lebendige Logotherapie" will Frankls Ideen zu konstruktiven Problemlösungen für die Gegenwart aufgreifen. An erster Stelle geschieht das durch die Schriften von Elisabeth Lukas. Sie gilt weltweit als Frankls bedeutendste Schülerin. In vielen Publikationen veranschaulicht sie, wie Logotherapie bei psychischen Krankheiten hilft, wie sie den Alltag Gesunder bereichert und uns alle dazu inspiriert, ein sinnvolles, gelingendes Leben zu führen. Ihre Bücher entfalten, wie menschenfreundlich, lebensnah und hochaktuell Logotherapie ist, eben eine „lebendige Logotherapie". Deswegen ist diese Buchreihe vor allem ihren Darlegungen gewidmet. Aufgenommen werden aber auch andere Texte, die Viktor E. Frankls Logotherapie originalgetreu und anschaulich weiterführen.

„Sinnvoller Verzicht" ist ein drittes Gemeinschaftsprojekt, das erneut logotherapeutische Theorie (Lukas) mit der Praxis individueller Fallbeispiele (Schönfeld) zusammenbindet. Selbstverständlich sind diese Fallbeispiele in einer Weise anonymisiert worden, die die darin vorkommenden Personen unkenntlich macht, ohne jedoch ihre Probleme zu verfälschen.

Möge dieses Buch den gleichen erstaunlichen Erfolg haben wie die ersten beiden Gemeinschaftsprojekte von Lukas und Schönfeld, nämlich wie „Sinnzentrierte Psychotherapie" und „Psychotherapie in Würde". Beide Bücher sind schon in mehrere Sprachen[1] übersetzt und finden in vielen Ländern ihre Leser und Leserinnen. Geschätzt wird an ihnen die lebendige Verbindung der Logotherapie mit unserer Gegenwart, die zeigt, wie relevant Viktor E. Frankls Gedanken heute sind.

Die aufwändige Arbeit der Formatierung und des Layouts ist Bernhard Keller zu verdanken, der mit seiner Expertise für die schöne äußere Form der Bücher sorgt.

Für das Elisabeth-Lukas-Archiv
Dr. phil. Heidi Schönfeld

[1] Die jeweils aktuellen Informationen dazu finden Sie auf elisabeth-lukas-archiv.de

Teil I: Warum viele Krisen nur mit Verzichten zu beheben sind

(Elisabeth Lukas)

Verzicht macht keine Freude – aber Verzicht schafft Platz für Freude

Niemand hört gerne etwas davon, verzichten zu sollen. Viele Menschen sind auf das Wort „Verzicht“ geradezu allergisch. Sie vermuten sofort, man wolle ihnen etwas Schönes, Begehrtes oder ihnen Zustehendes vorenthalten. Man wolle ihnen sozusagen eine Freude verderben. Eine Aufforderung zum Verzicht kann natürlich in solch negativen Zusammenhängen geschehen, aber es gibt noch eine ganz andere Seite des Verzicht-Themas, die ich im Folgenden beleuchten möchte. Ein Verzicht kann nämlich auch Platz schaffen für die Rückkehr von verlorener Freude, und das wäre – wenn wir einen Blick auf das psychische Stimmungsbarometer unserer Zeitgenossinnen und Zeitgenossen werfen – eine wahre Revolution! In unserer von Krisen geschüttelten Welt sind Mut, Zuversicht und vor allem die Fähigkeit, sich zu freuen, vielfach untergegangen, und dies keineswegs nur in Gegenden der Armut und des Terrors. Auch in begünstigten Regionen hat sich ein Klima der Trostlosigkeit eingeschlichen. Dass laut jüngster Statistik ein Sechstel aller Jugendlichen im immer noch wohlhabenden Europa bereits einmal mit Suizidgedanken gespielt hat und massiv an Ängsten und Depressionen leidet, „schreit zum Himmel“, um es drastisch auszudrücken. Würde man jenen Jugendlichen vor Augen halten, dass sie – im Unterschied zu Millionen Kommilitoninnen und Kommilitonen in anderen Erdteilen – genug zum Essen, ungehinderten Zugang zur Bildung, reichlich

Arbeitsmöglichkeiten, die Erlaubnis zur freien Meinungsäußerung oder eine prima ärztliche Versorgung haben, würde dies auch nichts nützen. Sie würden es mit einem Achselzucken als bloße Beschwichtigungsstrategie abtun und auf die dräuenden Gräuel einer unsicheren Zukunft verweisen.

Und es stimmt: Unsere Zukunft sieht unsicherer aus denn je. Aber auch diesbezüglich hätte eine neue Bescheidenheit bzw. eine Zeitenwende im Lebensstil Lösungspotential. Doch bleiben wir vorerst bei der Frage, wie verloren gegangene Freude zurückzugewinnen ist. Mit der Freude hat es nämlich eine eigenartige Bewandtnis. Die Freude lässt sich nicht haschen, nicht herbeizwingen, nicht künstlich hochpuschen. Sie stellt sich wenn, dann von selbst ein, und zwar bevorzugt *nach einer Entbehrung*. Das heißt, sie verleiht seltenen Werten einen Glorienschein. Sie hebt das Besondere, das nicht Alltägliche, das lang Ersehnte auf das Podium der Aufmerksamkeit und des Genusses. Man hat sich im Lernen geplagt und hält endlich das angestrebte Zeugnis in Händen. Man hat (freiwillig oder erzwungen) gefastet und kann sich jetzt zu einem köstlichen Mahl niedersetzen. Man hat jahrelang gespart und kann sich nunmehr ein hübsches Auto leisten. Man wird überraschend zu einem Fest oder Konzertbesuch eingeladen. Man war einsam und isoliert und gelangt plötzlich zu einer liebevollen Partnerschaft. In all diesen Fällen ist die Freude umso größer, als das empfangene Geschenk eben nicht selbstverständlich war und sich keineswegs oft präsentiert hat.

Wer sich beliebiges Vergnügen jederzeit erwerben kann, den verlässt das Vergnügen. Wer an Erfolge, Festmähler, Konzertbesuche, sich anbiedernde Freunde u.dgl. gewöhnt ist, dem kann auch höchster Luxus nur noch ein müdes Lächeln abgewinnen. Das ist der Grund, warum reiche oder berühmte Personen oft innerlich so kläglich darben. Die Freude fehlt, und ausgerechnet *sie* kann man mit Geld nicht kaufen.

Die Freude ist also ein Kind der Entbehrung. Hat man drei Kleider im Schrank, freut man sich über das vierte. Hat man hundert

Kleider im Schrank, freut man sich über das hunderterste nicht mehr. Wie gelangt man in den Modus der Freude zurück? Man könnte von den hundert Kleidern siebenundneunzig verschenken, dann würde man sich über ein viertes Kleid wieder freuen. Das ist die simple Mathematik des sinnvollen Verzichts: Er schafft Platz für die Rückkehr verlorener Freude. Wenn er wirklich sinnvoll ist, schafft er dabei noch wesentlich mehr: Die verschenkten siebenundneunzig Kleider könnten im besten Fall siebenundneunzig bedürftigen Personen zugutekommen! Das wäre doch etwas! Was da so primitiv und plakativ klingt, ist ein grandioses Prinzip zur Reduktion der ständig auseinanderdriftenden Schere zwischen Arm und Reich, ist ein Gegenmittel zur Wegwerfgesellschaft und ihrer Hybris, und ist ein Maßstab für eine gerechtere Verteilung der begrenzten Güter auf Erden. Der Knackpunkt ist nur: Wer trennt sich von den Inhalten seiner überfüllten Schränke?

Nun ja, wenn es als sinnvoll wahrgenommen wird, könnte es schon ein paar kluge Köpfe geben, die sich zunehmend dem „Anruf des Sinns“ beugen. An dieser Stelle kommt ein Pionier der Sinnfrage ins Spiel: Viktor E. Frankl. Da ich das Glück hatte, diesem Pionier zu begegnen und von seiner Lehre profitieren zu dürfen, möchte ich hier einige seiner überragenden Erkenntnisse darlegen.

Worauf können wir hoffen? Nicht darauf, dass alles gut ausgeht …

In Frankls sinnzentrierter Psychotherapie, der sogenannten *Logotherapie*, geht es um eine sukzessive Stärkung der geistigen Person angesichts des körperlich-psychischen Geschehens im Menschen. Es geht um die Frage, mit der wir ein Leben lang ringen, nämlich, was uns körperlich und psychosozial beschieden ist, und was wir daraus zu machen imstande sind. Schließlich geht es nicht gerecht auf Erden zu; und selbst wenn alle Menschen gerecht wären – welch abstrus idealistische Vorstellung! – gäbe es dennoch Ungerechtigkeiten in der Welt.

Das Schicksal wirft uns von Anfang an in irgendeine „Schublade“ hinein, und da stecken wir erst einmal drinnen. Vielleicht werden wir zur Pestzeit geboren, in einer Kriegszeit, in einer Wohlstandepoche … wie es der Zufall so will. Frankl zum Beispiel wurde als Sohn jüdischer Eltern mitten in eine judenfeindliche Gesellschaft hinein geboren. Nur 100 Jahre später wäre es völlig gleichgültig gewesen, ob seine Eltern jüdischen, christlichen oder muslimischen Glaubens waren, doch zu seiner Zeit war es die reinste Katastrophe, die ihn dem Holocaust auslieferte. Wir werden in eine intakte oder zerstrittene, wohlhabende oder bettelarme Familie hineingeboren, in irgendeinen Winkel der Erde, in eine Luxus-Wiege, in eine Flüchtlingsunterkunft oder in eine Krippe im Stall. Wir kommen als gesundes Baby zur Welt oder mit Behinderungen behaftet, mit überquellenden oder jämmerlichen Entwicklungschancen. Und dies alles ist bloß der Anfang, dem eine lange Periode erheblicher Milieu-Abhängigkeit folgt.

Dann aber regt sich der menschliche Geist und hebt das Geschehen in eine übergeordnete Dimension. Die Person erwacht zum aktiven „Baumeister“ ihres Lebens – wie Frankl sagen würde – und beginnt aus dem ihr zugewiesenen „Baumaterial“ Ureigenes zu bauen. Freilich kann sie nur aus vorhandenen Ressourcen schöpfen, kann sie im Prozess des Bauens nur ihr Gewährtes verwenden, doch *was* sie daraus gestaltet, verdichtet sich zum Ausdruck ihres persönlichen Entscheidungsspielraums. Was hat doch Helen Keller aus ihrem eingeschränkten physischen Startkapital gemacht! Wie hat Viktor E. Frankl sein KZ-Martyrium in eine glanzvolle Nachkriegsleistung verwandelt! Und wie sehr hat der Knabe aus der Krippe bis auf den heutigen Tag die Welt verändert! Ja, der „Baumeister“ kann aus dem kostbarsten „Marmor“ ein bedrückendes Gefängnis bauen, aber ebenso kann er aus primitiven „Holzblöcken“ eine gemütliche Heimstatt oder gar eine kleine Kapelle errichten, deren Spitze gegen Himmel weist.

Worauf können wir also hoffen? Gewiss nicht darauf, dass alles gut ausgeht, weder in unserem Individualleben noch als Kollektiv einer Erdbevölkerung. Nichts rüttelt daran, dass wir vergängliche Geschöpfe sind. Nein, die Hoffnung, die sich uns kontinuierlich anbietet, bezieht sich darauf, dass wir in der uns verbleibenden Zeit noch etwas Sinnvolles bewirken können. Seien es 30 Jahre oder 3 Jahre oder 3 Tage, die jemand noch vor sich hat – solange er bei klarem Bewusstsein ist, kann er an seinem „Lebensgebäude" weiterbauen, kann er ein liebes Wort spenden, ein wichtiges Vorbild hinterlassen, einen Konflikt zum Guten wenden ..., was es auch sei. Diese Hoffnung besteht zu Recht, und sie gilt analog für unsere Spezies. Dass diese eines fernen Tages im planetarischen Wechselspiel von Entstehen und Vergehen verlöschen wird (oder sich verfrüht selbst auslöscht), ist nicht zu bezweifeln. Aber auch nicht, dass sie etwas Einmaliges und Einzigartiges im riesigen Universum darstellt und sich dieser ihrer Sonderstellung würdig erweisen sollte. So ist denn zu hoffen, dass auch die Menschheit durch viele Krisen geläutert noch in sinnvoller Weise expandieren wird in der ihr verbleibenden Zeit, seien es Jahrmillionen oder seien es Jahrzehnte. Wird sie ihre destruktiven und aggressiven Impulse allmählich zu bändigen vermögen und in die Empathie und praktizierte Nächstenliebe hineinwachsen? Vielleicht. Jeder kann dazu beitragen – aus jeder „Schublade" heraus, in der er steckt. Vielleicht wäre genau dies die Botschaft, mit der man die Jugendlichen der Gegenwart, die sich mit ihren düsteren Schaubildern und demonstrativen Bekundungen von Selbstmitleid im Internet gegenseitig mit Ängsten und Depressionen infizieren, konfrontieren müsste: „Verzichtet auf den illusionären Anspruch, dass alles für euch gut ausgehen möge! Hofft stattdessen darauf, in euch selbst die Fähigkeit zu finden, die Geschicke eurer Generation bestmöglich zu lenken – und würdig und anständig hinzunehmen, wie immer es ausgehen wird!"

Mitgeteiltes Leid ist halbes Leid – ausgeteiltes Glück ist doppeltes Glück!

Wiederholt ist bisher der Ausdruck „sinnvoll" gefallen, gleichsam als Einschränkung und „Markensicherung" des Gesagten. Der Mensch ist nämlich durchaus imstande und leider auch häufig willens, sinnwidrig zu handeln bzw. das ihm anvertraute „Baumaterial" zum Schaden von Mitwelt und Umwelt zu gebrauchen. Er baut leidenschaftlich an seinen Egoismen und kümmert sich nicht darum, auf wessen Kosten sie wuchern. Das bringt ihn unablässig in schwierige Phasen, in denen er sich verheddert und verstrickt. Die Gefahr solcher Phasen ist, dass er dadurch auf sich selbst fixiert ist, sich im Kreis um sein Elend und seine Ärgernisse dreht und wie in einem Strudel immer tiefer in negative Stimmungen hineingezogen wird. Der Notausgang daraus heißt: „Blick über den Tellerrand". Wer *mehr* sieht als sein eigenes Ungemach, gewinnt an Weitblick. Und im Weitblick taucht allerlei auf, manchmal sogar eine Lösungschance für ein Problem oder eine Kehrtwende aus einer gedanklichen Sackgasse. Vor allem aber tauchen andere Personen auf, und siehe da, auch sie haben ihre Sorgen. Das ist schon einmal tröstlich – man steht nicht mutterseelenallein da mit seinem Schmerz. Man fühlt sich sozusagen einer Solidargemeinschaft leidender Menschen verbunden. Das hilft, sich zu öffnen, von seinem Kummer zu erzählen statt ihn hinunterzuschlucken; und die Erfahrung lehrt, dass nicht nur „geteiltes" Leid, sondern auch „mitgeteiltes" Leid schon halbes Leid ist.

Je weiter der Blick über sich selbst hinaus reicht, desto transparenter wird zudem, was andere benötigen, sowie das Ausmaß, in dem man ihnen trotz der eigenen Schwierigkeiten beistehen könnte. Das lenkt den Fokus auf verbliebene Kräfte, die kreativ nutzbar sind. Dabei ist *ein* Motiv interessant, das ich hervorheben möchte, weil es wenig geläufig ist, nämlich den zart aufkeimenden Wunsch, es jenen anderen, die ebenfalls unter ihren Belastungen stöhnen, *nicht noch schwerer zu machen*, als es bereits für sie ist. Bei genauer Betrachtung ist dies ein außerordentlich nobles und Kraft stiftendes Motiv, auch sich selbst aufzurappeln und nicht im Dauerlamento zu verharren. Wären Familienmitglieder zumindest geringfügig bereit, einander das Leben nicht noch schwerer zu machen, als es sowieso ist, erbrächte dies eine beachtliche Erleichterung für alle.

Als leuchtendes Beispiel seien die „Young Carer“ erwähnt, eine Selbsthilfeorganisation der Spitzenklasse. Es handelt sich um Jugendliche und teilweise sogar noch um Kinder, deren Eltern nicht fähig sind, ein förderliches Zuhause zustande zu bringen. Einer oder beide der Eltern sind suchtkrank oder psychotisch oder schwer behindert oder drohen aus anderen Gründen zu verwahrlosen. Töchter und Söhne von ihnen springen im frühesten Alter ein, pflegen ihre Eltern, bemühen sich um Geschwister und Haushalt, kaufen ein, kochen, waschen, putzen … alles neben dem Schulbesuch, während sich ihre Gleichaltrigen unbeschwert vergnügen. Es sind junge Menschen, die erhebliche Schwierigkeiten haben, aber trotzdem über ihren „Tellerrand“ hinausschauen und sich solcherart aufschwingen, Leistungen an der Grenze des Menschenmöglichen zu erbringen. Sie schließen sich zu einer stützenden Gemeinschaft zusammen, sie wachsen vielfach zu kooperativen, reifen Persönlichkeiten heran, und die allermeisten von ihnen entrinnen später einem posttraumatischen Stress, wie Untersuchungen beweisen. Wir sollten ihrer und ähnlich tapferer Personen voller Hochachtung gedenken.

Gewiss, in unseren Landen sind wir vorwiegend Privilegierte. Die Zeichen mehren sich, dass sich diese Ära ihrem Ende naht. Jetzt aber ist es noch so, und das bedeutet: Was für die körperlich oder seelisch Geplagten ein Notausgang ist, das ist für die Privilegierten *eine Verpflichtung*. Im Status des Wohlergehens ändert sich die Formel: Nicht „mitgeteiltes“, sondern „ausgeteiltes“ Glück ist doppeltes Glück! Frankl hat das in einem Aufsatz unter dem Motto „Wir geben

Brot – sie geben uns Sinn" auf den Punkt gebracht. Gemeint hat er: Wenn wir, die reichen Industrienationen, den armutsgefährdeten Völkern eine Lebensgrundlage spenden, dann sind keinesfalls bloß *sie* die Gewinner, sondern *wir* sind es ebenso. Wir entwinden uns dem Übersättigungsfrust und den Neurosen einer Überflussgesellschaft und gewinnen an konstruktiven Projekten und Sinnperspektiven, die uns seelisch bereichern und zufriedenstellen. Sie geben uns wahrlich viel zurück, jene Unterprivilegierten, sobald wir unsere Privilegien nützen, um ihren Hunger und ihren Mangel zu mindern. Tauschen wir „Brot" gegen „Sinn" … kein schlechter Tausch!

Das Problem mit dem Besser-Machen – und der Traum von einer heilen Welt

Viele junge Leute lehnen sich heutzutage gegen das „Welterbe" auf, das die ältere Generation ihnen hinterlassen hat. Sie werfen ihren Eltern und Ahnen vor, ein Desaster angerichtet zu haben, das sie, die Jungen, nunmehr ausbaden müssen. Ist es überhaupt noch verantwortbar, Kinder in die Welt zu setzen, fragen sie angesichts von Überbevölkerung, Klimakatastrophe, atomarem Säbelrasseln, Gesundheitsbedrohung und Wirtschaftsflaute. Sie haben nicht unrecht, die Jungen, und dennoch ist anklagen leichter als besser machen. In Wahrheit ist Besser-Machen verflixt schwer. Immer wieder tappen erwachsen werdende Kinder in dieselben Fallen, in die ihre Vorfahren gestolpert sind, was diese Kinder ihnen zuvor heftig angekreidet haben. Das kommt daher, weil Vorbilder von starker Wirkung sind. Wie froh darf derjenige sein, der gute Vorbilder erleben durfte; sie werden ihn lange schützend begleiten. Bedauerlicherweise haben auch üble Vorbilder ihre Sog-Kraft, und so sehr man sie auch anprangern mag, muss man sich dennoch vehement gegen ihre Sog-Kraft stemmen. Dazu kommt, dass man ihre Alternative nicht kennt.

Bei schlechten Vorbildern muss „das Bessere“ zum Besser-Machen erst erfunden werden, und das ist mühsam. Nicht, dass es nicht gelingen könnte. Der menschliche Geist ist mit enormen Innovationskompetenzen ausgestattet. Aber mühsam bleibt es trotzdem. Deshalb sind edle Vorbilder von immensem Wert, was die Medien, die sich vorrangig auf Verrücktheiten und Dramen stürzen, wesentlich mehr beachten sollten. Wenn sie zum Beispiel in den Unterhaltungsfilmen zu 85% desolate Familienverhältnisse präsentieren, darf man sich nicht wundern, wenn die echten Familienverhältnisse allmählich nachziehen, was natürlich niemand will.

Freilich, der Traum von einer heilen Welt ist unerfüllbar. Jede junge Generation hat ihn in Variationen geträumt. Zu schön ist auch die Vorstellung, alle Menschen könnten friedlich miteinander leben, in gegenseitigem Respekt, einander Freiheit und Wohlwollen gewährend, sich in Rücksicht und Nachsicht einübend, und bereit zum Verzicht auf Vorurteile und Vorverurteilungen. Wie schön wäre es, würde sich nach Jahrtausenden zum Ein-Gott-Glauben auch noch der Glaube an die *eine* Menschheit dazugesellen, wie Frankl es einst formuliert hat. Nun, obwohl dieses Ziel in unendlicher Ferne blinkt, möge sich die junge Generation kraftvoll dafür einsetzen. Sie ist idealistisch und elastisch genug, um Novitäten einzuleiten. Seit Hermann Hesse wissen wir, dass jedem neuen Anfang ein Zauber innewohnt, und die jungen Leute sollen ihren Zauber haben! Die harte Realität wird sie früh genug entzaubern.

Eines allerdings mögen sie bei ihrem Unterfangen bedenken, nämlich dass es nicht nur das selbstgestrickte, vermeidbare und änderbare Leid gibt, gegen das sie so wild revoltieren. Es passt nicht zum Sturm und Drang der Jugend, und auch nicht zur Macher-Illusion der modernen Generation, verstehen zu müssen, dass es auch den nicht zu verhindernden Schmerz in der Welt gibt, bei dem kein Besser-Machen mehr möglich ist, sondern bloß noch ein demütiges oder aufschreiendes Aushalten. Da erkrankt eine Mutter von drei Kleinkindern an Krebs und muss bald sterben. Dort begräbt ein Erdbeben ganze Stadtteile unter Trümmern. Wir dürfen nicht einmal „warum?“ fragen, weil uns (außer nackten fachwissenschaftlichen Erklärungen, die niemanden trösten) keine Antwort zuteilwird. Es ist eher umgekehrt: *Unsere Reaktion darauf ist unsere eigene Antwort.* Wir können mit dem Schicksal hadern, toben, unsere Verzweiflung in ungezügelter Wut an unseren Nächsten oder Unschuldigen auslassen, aber das ändert nichts am Sachverhalt. Es macht ihn bloß noch trauriger. Trotzdem gibt es auch in diesem Falle – zwar kein Besser-Machen, aber – eine beste Reaktion, die wir uns abringen können im heroischen Hinnehmen und Annehmen des uns Aufgebürdeten ohne aggressiven Rundumschlag oder autoaggressive Panik. Das Beispiel des heroischen und geduldigen Ertragens eines unabwendbaren Leides ist eine der kostbarsten Lehren für unsere unheilvolle und ungeduldige Welt. Es demonstriert höchste Tüchtigkeit und zugleich die sinnvollste „Antwort“, die wir unter den Hammerschlägen des Schicksals noch zu geben vermögen.

Deshalb gilt: Auch wenn viele unserer Träume unerfüllt bleiben, können wir doch Sinn erfüllen in jeder Lage, in der wir uns befinden – sei sie verbesserbar, oder sei sie aussichtslos.

Ein Verzicht muss sinnvoll sein – oder man kann auf ihn verzichten!

Fassen wir die Aspekte sinnvollen Verzichts zusammen, die wir bislang eingesammelt haben.

Da war 1. der Aspekt gerechter Chancengleichheit, die zu schön ist, um wahr zu sein. Wir können uns im gesellschaftlichen Miteinander redlich darum bemühen, aber die Zufälle des Lebens würfeln anders, und mit dieser Tatsache zu hadern ist sinnlos. Verzichten wir darauf.

Da war 2. der Aspekt des gedanklichen und emotionalen Kreisens um eigene Kümmernisse und Sorgen, das uns nur noch tiefer in den Malstrom der Verzweiflung hinunterzieht. Verzichten wir ebenfalls darauf.

Da war ferner 3. der Aspekt des Anklagens von fremden Fehlern, welches ein Besser-Machen einfordert, das wir selber leider viel zu oft schuldig bleiben. Klagen und Anklagen sind so viel leichter, als die heilere Variante in eigener Regie voranzutreiben. Man könnte gegen fast jedermann Vorwürfe ohne Ende erheben, denn das Schuldig-Werden gehört zum menschlichen Leben dazu – und dies bedauerlicherweise auch zum eigenen. Wenn man also auf das Hadern, Jammern und Anklagen verzichtet, ist schon eine Menge seelischer Ballast entrümpelt, den man gewöhnlich mit sich herumschleppt.

Womit keineswegs gesagt sein soll, dass man ständig und gleichsam im Stundentakt verzichten soll. Es ist merkwürdig, dass auch *der überflüssige und sinnlose Verzicht* in therapeutischen Beratungsgesprächen wiederholt eine Rolle spielt. Meiner Erfahrung nach sträuben sich die Betreffenden sogar heftig dagegen, ihn aufzugeben. Sie klammern an ihrer Opferrolle, in die sie sich hineingesteigert haben, demonstrieren ihr Märtyrertum mit Wollust und betonen pausenlos, für wen alles sie ihre Dienste erbringen, eigene Interessen zurückstellend und auf jegliche Annehmlichkeit verzichtend. *Wozu?* Das ist die alles entscheidende Frage! *Wozu?* Um wirklich zu helfen, wo Hilfe nottut wie die Young Carer, die in familiären Notsituationen einspringen? Oder (um eine dunkle, oft unbewusste Seite zu beleuchten, die auch im Menschen schlummert): um sich Liebe und Zuwendung zu holen, um andere von einem abhängig zu machen, um andere fühlen zu lassen, wie schwach und unfähig sie sind, um Dank und Gratifikationen einzuheimsen, um großartig dazustehen im Lichte der Öffentlichkeit, und was es sonst an verdrehten Motiven gibt.

Menschen verzichten auf Entwicklungschancen, die sie hätten, oder auf Freuden, die sie erleben könnten, aus selbstsüchtig krankhaften oder masochistischen Gründen, die sie nie zugeben würden, die aber den wahren Beweggrund ihres Handelns darstellen und völlig unnütz sind. Meistens nützen solche Menschen nicht einmal denjenigen, für die sie sich permanent „aufopfern", weil sie die von ihnen Protegierten in einem infantilen Stadium festnageln. Wenn sich beispielsweise eine Mutter ungebremst für ihren Sohn aufopfert, ihm sämtliche Hürden aus dem Weg räumt, ihm die Hausausgaben diktiert, ihn bei jedem Vergehen entschuldigt statt ermahnt, und ihn ständig mit Taschengeld versorgt, tut sie ihm damit wahrlich keinen Gefallen. Sie lässt ihn ins offene Messer der Wirklichkeit rennen, die ihn eines Tages vor entsprechende Herausforderungen stellen wird, denen er nicht oder nur mit Mühe gewachsen sein wird. Sinnlose Verzichte schädigen und belasten nicht bloß ihre Erbringer, sondern liefern auch die Begünstigten an Spätschäden aus; Verwöhnung hat sich noch nie langfristig ausgezahlt.

Neben dem Mäntelchen der „Liebe", das derlei Aufopferungen umgehängt wird, gibt es auch das Mäntelchen der „Angst", unter dem sinnlose Verzichte am laufenden Band geleistet werden. Angestellte, die für ihre Chefs auf bestehende Rechte verzichten und unentgeltlich Überstunden ableisten, ohne zu murren. Studenten, die für ihre Professoren reichlich Arbeiten übernehmen, ohne aufzumucken. Es handelt sich um Personen, die sich schamlos ausnützen lassen, weil ihnen die Angst im Nacken sitzt, nämlich die Angst vor der Macht eines Ausbeuters, die dieser über sie hat. In solchen Fällen ist guter Rat teuer, denn es gehört viel Mut dazu, Ausbeutern die Stirn zu bieten, und niemand garantiert für einen gütlichen Ausgang der Angelegenheit. Dennoch können sinnlose Verzichte nicht gutgeheißen werden, denn sie perpetuieren menschenunwürdige Schemata. Halten wir deswegen fest: Eigentliche, aufrichtige Liebe (die ein Du und nicht ein Ich meint) verweichlicht und verzärtelt niemanden, sondern fördert die Eigenkapazitäten der geliebten Person. Und eigentliche, schützende Angst (vor unwürdigen Strukturen) schwächt nicht, sondern ermutigt zur unverminderten Suche nach gemeinsamen Problemlösungen.

Verzichte können Liebesbeweise sein, Verzichte können auch Angst behebend sein, aber in beiden Fällen müssen sie *sinnvoll* sein, und sind sie es nicht, kann und soll man gerne auf sie verzichten!

Ein Verzicht ist sinnvoll, wenn ein echtes Promotiv hinter ihm steckt

Überprüfen wir die Sinnhaftigkeit eines geplanten Verzichts am Beispiel der Unterdrückung des Kinderwunsches. Vermehrt behaupten junge Leute heutzutage, dass sie auf Nachwuchs verzichten wollen. Sie begründen ihre Aussage damit, dass angesichts der Sorge einflößenden Weltlage eine verheerende Zeit auf die nächsten Generationen zukommen wird, weshalb es kaum mehr zu verantworten ist, Kinder einem vermutlich grässlichen Schicksal auszuliefern. Dieses Argument klingt sehr vernünftig, zumal die Erdbevölkerung den jüngsten Zahlen zufolge „explodiert“. Dennoch möchte ich einen psychologischen Einwand geltend machen. Kontramotive sind selten Energie spendend und aufbauend. Sie dämpfen eher Lust und Laune und fesseln den Blick an jenes Gefürchtete, dem sie entspringen.

Ich pflegte dies meinen Patientinnen und Patienten anhand eines Schulwechsels zu verdeutlichen. Es macht nämlich einen großen Unterschied, ob jemand seine Schule wechselt, weil er aus der alten Schule hinaus will, oder sie wechselt, weil er in die neue Schule hinein will. Will er aus seiner alten Schule *hinaus*, etwa weil er sich mit den Klassenkameraden nicht verträgt, einen Lehrer hasst oder Lernprobleme hat, dann ist er gleichsam auf der Flucht vor dem Gehabten; aber deswegen hat er noch lange nicht innerlich Ja zur neuen

Schule gesagt. Und es kann leicht geschehen, dass sich seine Schwierigkeiten dort wiederholen werden. Anders sieht es aus, wenn der Schulwechsel erfolgt, weil jemand in die neue Schule *hinein* will. Etwa, weil er dort Freunde von früher kennt, weil sie verkehrstechnisch näher zu seinem Wohnort liegt, oder weil ein Fach unterrichtet wird, das ihn interessiert. Mit Vorfreude schaut er dem Kommenden entgegen, und diese Vorfreude gewährt ihm einen Startbonus. Die Chancen stehen gut, dass er mit seinem Schulwechsel zufrieden sein wird.

Promotive gewähren Tragkraft: Das klar gewusste Wofür eines Unternehmens beflügelt den Unternehmer. Kontramotive hingegen werden von Ängsten geschürt und halten ein Bedauern am Brodeln – ein Bedauern darüber, dass alles anders und schöner wäre, gäbe es diese Ängste und ihre Ursachen nicht. So ist es auch beim Kinderwunsch bzw. einem eventuellen Verzicht darauf. Steht ein junges Paar vor dieser Frage, dann sollte es seine wahren Motive vorsichtig überprüfen und sich schlussendlich zu einem echten Promotiv durchringen.

Der Verzicht auf Kinder sollte keinesfalls primär aus Angst vor zukünftigen Tragödien getroffen werden. Niemand weiß, was auf unsere Kinder wartet, weder global noch individuell. Selbst in bestens prosperierenden Zeiten gibt es keinerlei Garantien für deren Wohlergehen. Wer Kinder haben möchte, wer sie ins Leben hinein begleiten möchte, der muss dies tun im Wissen, dass jederzeit alles schief gehen kann, und dass weder wir noch unsere Kinder vor Tragödien gefeit sind. Er muss dies tun mit einem ehernen „trotzdem“ im Herzen, aus Liebe zu und aus Freude an den Kindern, *komme was wolle.*

Im Sommer 2022 ist im Burgenland eine Lokalbahn entgleist, und es gab einen Toten: einen jungen Geiger, der soeben die Aufnahmeprüfung an einem Orchester bestanden hatte. Was haben seine Eltern wohl an Fürsorge und Hoffnungen in ihn eingebracht! Wie viele

Stunden täglich hat der junge Mann von Kindesbeinen an auf seinem Instrument geübt, neben Schulaufgaben und sozialen Kontakten! Welch ein riesiges Investment ist von ihm und seiner Familie getätigt worden, um seine ersehnte Bühnenreife zu erlangen! Und dann steigt der junge Künstler in einen Pendelzug und fährt in den Tod. Nein, niemand weiß, was seinen Kindern bevorsteht ... Und dennoch: Würde man jene Eltern fragen, ob sie lieber gar keinen Sohn gehabt hätten, und also auch keinem Sohn nachtrauern müssten, sie würden wahrscheinlich den Kopf schütteln. Nein, es war gut, dass er da war, sie waren glücklich und froh, dass es ihn gab, auch wenn sein Leben kurz war – er hat die Familie unendlich bereichert ... Echte Liebe kennt kein Wenn und Aber. Echte Liebe ist bedingungslos.

Kehren wir damit zum freiwilligen Verzicht auf Kinder zurück. Auch ein solcher sollte von echter Liebe zeugen, nämlich von dem Wunsch, *für etwas Anderes* voll und ganz da zu sein als für die Behütung und Begleitung des Nachwuchses. Unsere körperlichen und seelischen Kompetenzen sind nun einmal begrenzt. Deshalb ist sorgfältig abzuwägen, in welche Projekte sie fließen sollen. Vielleicht fühlt sich jemand zur ärztlichen Praxis berufen, für die Forschung prädestiniert, in einem politischen Engagement zu Hause oder für sonst einen Einsatz geeignet. Gerade eine dräuende Katastrophenzeit erfordert Menschen mit Hirn und Hand, denen hilfreiche Ideen entspringen, und die auch bereit sind, an deren Ausgestaltung konkret und fleißig mitzuwirken. Genaugenommen erfordert jedes gründliche Promotiv einen Verzicht auf übrige Belange, denen man sich ebenfalls widmen könnte, die aber vom ursprünglich Angepeilten ablenken würden. Multitasking, Hektik und Überforderung sind keine Erfolgsrezepte. Halten wir deswegen fest: Wie immer wir uns an unseren Lebensgabelungen entscheiden – es sollte möglichst niemals eine Entscheidung *gegen* etwas (Gefürchtetes) sein, sondern stets eine *für* etwas (Wertgeschätztes).

Die uralte Weisheit von Delphi: Mēdén ágan – Nichts zu sehr!

Dass haufenweise über Stress; Hektik und Überforderung geklagt wird, ist allgemein bekannt. Das meiste davon ist allerdings hausgemacht. Wer sich zu viel auflädt, schleppt große Lasten mit sich herum. Wer zu viel in seine Tagespläne hineinstopft, gelangt nie zu Rast und Ruh. Schon im antiken Griechenland wussten die Weisen um die Gefahren eines jedes Zuviel, was sie unter Anderem in der Inschrift „Mēdén ágan! – Nichts zu sehr!“ im Tempel von Delphi niedergelegt haben. Eine Inschrift, die Jahrtausende später aktueller denn je ist. Unser Begehren hat sich enorm gesteigert. Das übersteigerte Begehren nach Konsum, Besitz, Shopping füllt und staut die Kästen, Laden und Fächer in den Wohnungen mit überflüssigem Zeug. Das übersteigerte Begehren nach sexueller Stimulation schafft einen Markt für Abartigkeiten, Perversion und Pornographie in nie dagewesenem Ausmaß. Das übersteigerte Begehren nach Surfen, Chatten und Herumspielen im Internet frisst sämtliche Zeit- und Erholungsreserven und treibt der Cybersucht in die Arme. Es wird immer komplizierter, die Befriedigung diverser Begehren mit den Notwendigkeiten der täglichen Arbeitsverrichtungen zu kombinieren, und so manche Zeitgenossin und mancher Zeitgenosse kriegt bald nichts mehr auf die Reihe. Dabei wäre es relativ einfach, sich aus dem Dilemma zu befreien. Man müsste bloß konsequent damit anfangen, *zu verzichten.*

Vielleicht wäre als erstes ein Rundgang durch die Wohnräume zu empfehlen mit der Frage auf den Lippen: „Was brauche ich realistischerweise?“ Alle Dinge, die man in den letzten fünf Jahren nicht verwendet hat, können kritisch beäugt werden. Etliches davon darf verschenkt oder ausgemustert werden. Machen wir uns bewusst: Wenn es uns wirklich schlecht geht, wenn wir zum Beispiel mit Schmerzen im Bett liegen, nützen uns Geschmeide, Ölbilder oder

Perserteppiche wenig. Zwar sind finanzielle Reserven nicht zu unterschätzen, aber in sämtlichen Notfällen helfen uns vor allem gute Beziehungen zu unseren Mitmenschen – wenn wir gute Beziehungen haben. Mein Vorschlag lautet deshalb: Verzichten wir auf die Anhäufung von Zeug und Kram und stocken wir stattdessen unseren Freundeskreis auf. Und erinnern wir uns gelegentlich an das Wort von Rabindranath Tagore: „Am reichsten sind die Menschen, die auf das meiste verzichten können."

Vielleicht wäre als zweites eine Durchforstung des eigenen Lebensstils angebracht mit der Frage auf den Lippen: „Sorge ich gut für meinen Organismus?" Dass viele Menschen ihre Sorgfaltspflicht sich selbst gegenüber verletzen, kostet die Krankenkassen Millionen, und die Betreffenden kostet es Lebenszeit und Lebensqualität. Das zu viel steckt in sämtlichen gesundheitsschädlichen Varianten: im Rauchen und Alkoholgenuss, im unvernünftigen Essen und Übergewicht, im langen Herumsitzen und der Bewegungsträgheit, im spät Aufbleiben und durch Dauerfernsehen bedingtem Schlafmangel, etc. Machen wir uns bewusst: Wenn es uns wirklich schlecht geht, ist es meistens für eine Umkehr schon zu spät. Mein Vorschlag lautet deshalb: Verzichten wir beizeiten auf sämtliche Verlockungen, die unseren Organismus krank machen, und seien wir stattdessen dankbar, solange er funktioniert – was nie und unter keinen Voraussetzungen selbstverständlich ist.

Vielleicht wäre als drittes ein Blick in die Freizeitkiste dran mit der Frage auf den Lippen: „Was mache ich mit der kostbaren Spanne Zeit, die mir allein gehört?" In manchen hoch aktiven Lebensphasen ist diese Spanne recht kurz, in anderen weniger aktiven Phasen dehnt sie sich aus – aber immer ist sie zu schade, um verplempert zu werden. Bedenken wir: Zeit ist eine nicht regenerierbare Ressource; einmal vergangen kehrt sie nie wieder zurück! Jedes „Hätte ich damals …" oder „Wäre ich damals …" können wir uns sparen. Deshalb ist es am fruchtbarsten, die jeweiligen gegenwärtigen Möglichkeiten auf ihre Bedeutung hin abzuklopfen und die besten darunter bedachtsam auszuwählen. Verzichten wir darauf, alles einfach laufen zu lassen, wie es ist, Routinen fortzusetzen und alte Fehler zu wiederholen. Bringen wir frischen Wind in unser Freizeit-Gebaren! Wissenschaftler haben längst festgestellt, dass Sport und Lachen die Serotonin-Produktion des Gehirns fördern, und Serotonin wird nicht ohne Grund auch das „Gute-Laune-Hormon“ genannt. Sport und Lachen fördern außerdem die Durchblutung, die Zufuhr von Energie spendender Glukose und Sauerstoff und stärken das körpereigene Immunsystem. Was will man mehr? Aber wo sind Sport und Fröhlichkeit im gewöhnlichen Alltag unterzubringen? In der Freizeit natürlich! Also: Auf die Plätze, fertig, los!

Der Verzicht auf notorischen Ernst – und das Hohelied des Humors

Man kann sich selbst verordnen, zum Sporttraining zu gehen, aber man kann sich kaum selbst verordnen, zu lachen. Das spontane, vergnügte Lachen braucht einen Auslöser komischer Art, einen Kitzel des Absurden und vor allem einen inneren Abstand zu einem Geschehen, wodurch man fähig wird, diesem Geschehen u. A. eine lustige Seite abzugewinnen. Freilich hat nicht alles, was uns zustößt, eine lustige Seite, und so wie Lachen seine richtige Zeit hat, hat auch Weinen seine richtige Zeit. Dennoch ist beides höchst ungleich verteilt in unserem Leben, und es wäre vom psychohygienischen Standpunkt aus betrachtet durchaus attraktiv, den Schwerpunkt ein wenig in Richtung Lachen zu verschieben.

Frankl hat anhand vieler Patientengeschichten nachgewiesen, dass man zum Beispiel hartnäckige und der Situation unangemessene Ängste dadurch austricksen kann, dass man den Humor anzapft und mit den Ängsten „Katz und Maus" spielt, etwa nach dem Motto: „Erzähl' nur deine Gruselstorys, Fräulein Angst! Aber bitte lass' dir täglich neue Top-Schaurigkeiten einfallen! Denn ich bin versnobt, und verstaubte Horrorlitaneien ergötzen mich nicht …" Humor ist, wie der Volksmund weiß, *wenn man trotzdem lacht.*

Freilich gibt es auch der Situation angemessene Befürchtungen, bei denen ein Lachen fehl am Platze ist. Dennoch muss sich die Person ihren psychisch-emotionalen Aufwallungen nicht vollkommen unterwerfen. Sie kann Hadern und Bangen in Schach halten, Wutanfälle eindämmen, Zwängen Paroli bieten und – man höre und staune – Suchtneigungen hinunter schrauben, was einem Heldenakt gleichkommt. Die Gefühle, die unser Leben so herrlich bunt und glänzend machen, sind nicht in der Chefetage angesiedelt. Sie dürfen viele Zimmer unserer Seele bewohnen, in denen sie herzlich willkommen sind. Aber die Eintrittskarten zu diesen Zimmern müssen sie bei uns „Chefs" abholen, und das sollten wir nie vergessen.

Klaus Baumann, Facharzt für Kinder- und Jugendpsychiatrie aus Potsdam, verzeichnet mit dem Einbezug des Humors in seine Therapien enorme Erfolge in seiner Praxis. In einer Festschrift[2] schrieb er mir: „Im Witz oder in der lustigen Übertreibung werden allzu festgefahrene Denkmuster und verkrustete innere Zustände gelöst. Wer über den Befehlshaber im Kopf oder den inneren Angstmacher lachen kann, hat wieder ein Stück Freiheit zurückgewonnen. Der Humor mobilisiert die Selbstdistanzierung, er lässt innerlich wegrücken von den selbst erzeugten Blockaden, Dauer-Grübelschleifen und Denkfallen."

Baumann betont, dass der Humor nicht nur ein wichtiger Helfer bei quälenden seelischen Zuständen, sondern sogar bei belastenden äußeren Umständen sein kann. Schließlich kommt es auch bei

---

[2] Aus: „… und es geht weiter", hrsg. vom Elisabeth-Lukas-Archiv Bamberg, 2022

schlimmen Ereignissen im Letzten darauf an, wie schwer oder leicht man sie nimmt, also welches Gewicht man ihnen gibt. Ein Junge seufzt: „Ich musste wegen dem blöden Corona-Virus zwei Wochen lang zu Hause bleiben!“ Baumann: „Du bist ein Glückspilz: Zwei Wochen lang keine Schule!“ Ein Mädchen schluchzt: „Mein geliebter Hamster ist gestorben!“ Baumann: „Im Hamster-Himmel braucht er sich nicht mehr über euren Kater ärgern, der ihn immer so erschreckt hat!“ Im Zuge des Älterwerdens lernen die Jugendlichen, sich selbst mittels humoriger Formeln aus verkrampften Engstirnigkeiten herauszustrampeln. Ein junger Mann, der sich in Einschlafstörungen hineingesteigert hat, sagt künftig abends zu sich: „Kein Problem, Giraffen schlafen auch nur drei Stunden“ – und schon fallen die Ängste von ihm ab und er nickt friedlich ein. Einer 15jährigen, die sich in eine unerwiderte Zuneigung zu einem Schulkameraden verheddert hat, hilft der Spruch: „Das Herz ist eine dumme Kuh, es läuft dem größten Ochsen zu!“ Mit einem lachenden und einem weinenden Auge kommt sie von ihrer Hörigkeit los.

Ähnlich wie Baumann arbeiten zahlreiche Logotherapeutinnen und Logotherapeuten der Franklschen Schule unter Einbezug paradox klingender Formulierungen, die zum Schmunzeln anregen. Freilich, wer sich ärgern will, darf es tun, aber Lachen statt Ärgern ist auch eine Option, und nicht die Schlechteste. Ich erinnere mich an einen meiner Patienten, der sich regelmäßig von seiner Frau erpressen ließ. Jedes Mal, wenn er einen ihrer Wünsche nicht gehorsam erfüllte, drohte sie damit, ihn zu verlassen. Sie begann dann demonstrativ ihren Koffer zu packen, was ihn sofort „weichklopfte“, und zerknirscht ihrem Willen gehorchen ließ. Wir vereinbarten eine Verhaltensvariante. Das nächste Mal, als seine Frau wiederum zum „Koffertrick“ griff, eilte ihr Mann fröhlich pfeifend herbei und bot ihr seine Unterstützung beim Packen an. „Möchtest du vielleicht deinen warmen Ledermantel mitnehmen?“ fragte er scheinheilig, und faltete den Mantel sorgfältig zusammen. „Und deine Stiefel? Die wirst du im

Winter brauchen!“ Er steckte die Stiefel in eine passende Tüte. Verblüfft schaute seine Frau eine Weile seinem Treiben zu, dann entschied sie sich abrupt, lieber zu Hause zu bleiben. Nie wieder drohte sie damit, ihn zu verlassen.

Mein Tipp: Wir haben ein Mitspracherecht bei der Einschätzung, *was* von all dem, das uns tangiert, ernst genommen werden muss, und *wie* ernst es genommen werden soll. Zugegeben: Witze können unanständig, ja verletzend sein, sich mit Spott und Hohn verknüpfen und insofern völlig unangebracht sein. Klammert man jedoch diese Kategorie aus, wohnt unseren Lebenslagen so manche Witzigkeit inne, die, wenn man sie herausfiltert, diese Lebenslagen auf der Stelle entschärft. Ein heiteres Gemüt lässt sich erwerben und ist ein linderndes Pflaster auf diverse Wunden.

Was auch Malwina Markiewicz, Sozialpädagogin und Psychotherapeutin aus Fürth/Nürnberg in der genannten Festschrift bestätigt hat, als sie über die Begegnungen mit ihren Klientinnen und Klienten schrieb: „Ich liebe die Aha-Momente und den Satz ‚So habe ich das noch nie gesehen!' Ich genieße den Anblick meines Gegenübers, das plötzlich den Kopf hebt, die Tränen abwischt und den Blick nach vorne richtet. Der Perspektivenwechsel zeigt den Menschen die eigene Freiheit, die Realität so oder so zu sehen … der Blick wird frei für die Geschenke des Lebens und verwandelt Defizitdenken in Dankbarkeit.“

Nun, der Humor ist der reinste Turbomotor in Bezug auf Perspektivenwechsel!

Die Wahrheiten von heute sind die künftigen Irrtümer von gestern

Perspektivenwechsel sind eine spannende Angelegenheit, und dies nicht nur im psychotherapeutischen Kontext. Perspektivenwechsel sind auch die logischen Begleiterscheinungen allen intellektuellen und wissenschaftlichen Fortschritts. Als sich der Wandel der Kulturen noch gemächlich vollzog, dauerte so mancher Perspektivenwechsel Jahrhunderte. So, wie die Großeltern dachten, so ähnlich dachten auch die Eltern und ihre Kinder – erst die Urenkel begannen, die alten Traditionen in Frage zu stellen. Das hat sich radikal geändert. Durch das beschleunigte Entwicklungstempo der Postmoderne und die durch Migration bedingte ethnische Durchmischung der Völker haben sich die Unterschiede in den Grundansichten der Generationen aufgeschaukelt. Sie sind dermaßen krass geworden, dass konträre Perspektiven sogar innerhalb ein- und derselben Generation die Wogen hochpeitschen, was weltweit zu „gespaltenen Gesellschaften" geführt hat.

Das Aufwiegelnde dabei ist, dass sich Wahrheiten mittlerweile nicht mehr so sauber von Irrtümern differenzieren lassen, wie das beim gemächlichen Fortschritt noch der Fall war. Als es etwa eine Menge an Leuten gab, die davon überzeugt war, dass sich die Sonne um die Erde drehe, und es lediglich eine Elitegruppe gab, die bereits wusste, dass es umgekehrt ist, hatte sich eine eindeutige Wahrheit gegen einen eindeutigen Irrtum durchzusetzen begonnen. Selbst noch zwischen der Nachkriegsgeneration und den Spätgeborenen des vorigen Jahrhunderts kann man von gewissen „Perspektiven-Berichtigungen" sprechen.

Zum Beispiel erinnere ich mich über die Begeisterung der meisten Erwachsenen über den aufkommenden Autoverkehr in den 1950er Jahren. Welch eine Seligkeit bedeutete es für sie, plötzlich über glatte Asphaltstraßen dahinbrausen zu können, hinaus ins grüne Land, und nicht mehr auf klapprige und unbequeme Bahnzüge warten zu müssen. „Weg mit den alten Allee- und Stadtbäumen, die nur Schmutz verursachen!“ hieß es unisono im Chor, und man fällte Baum für Baum, um die Straßen für den aufkommenden „Fahrluxus“ zu verbreitern. Dass man heute wieder reumütig Bäume in den Städten pflanzt, um Feinstaubreduzierung und Klimaverbesserung bemüht, hätte sich damals niemand träumen lassen.

Das Beispiel zeigt, wie schwierig die Verständigung zwischen den Generationen mittlerweile geworden ist. Dass die Jungen den Alten vehement vorwerfen, die Luft verpestet und den Treibhauseffekt angeheizt zu haben, ist nachvollziehbar, aber die Jungen waren eben nicht in den gedanklichen 1950er-Perspektiven verfangen. Die Geschichte lehrt uns, vorsichtig in unseren Beurteilungen zu sein. Es ist sehr wahrscheinlich, dass auch die Jungen etliche ihrer heutigen Überzeugungen für Wahrheiten halten, die sich irgendwann in Zukunft als Irrtümer herausstellen werden. Und nicht nur dies. Die aktuellen Wahrheiten haben zum Teil bedenkliche Janusgesichter. Mehr und mehr kristallisiert sich heraus, dass es möglich ist, ein- und dasselbe gleichzeitig als wahr und falsch zu begreifen. Der Nobelpreisträger und Quantenphysiker Anton Zeilinger hat beispielsweise jüngst den Beweis erbracht, dass Quanten, also Teilchen, miteinander in Verbindung stehen, auch wenn es keine messbare Verbindung zwischen ihnen gibt. Und das sogar, wenn sie Lichtjahre voneinander entfernt sind. Das widerspricht unserem Weltbild, aber vielleicht ist unser Weltbild nach wie vor halb wahr und halb falsch.

Zurück zu den Generationskonflikten und „gespaltenen Gesellschaften“, die uns derzeit die Kooperation erschweren: Es wäre extrem vernünftig, auf jede Form von Rechthaberei zu verzichten! Es ist angebracht, davon auszugehen, dass ein Widersacher, Querdenker und Gegner unter Umständen ebenfalls Recht haben könnte, wenigstens bis zu einem gewissen Grad. Klingen die Kommentare der Älteren seltsam in jüngeren Ohren, ist den Älteren zugute zu halten, dass sie unter wesentlich anderen Verhältnissen und gedanklichen Perspektiven aufgewachsen sind, als die Jüngeren sie kennen. Kinder wissen oft zu wenig vom Kolorit des Heranwachsens ihrer Vorfahren, um deren Prägungen zu verstehen. Kränkt es wiederum die Älteren, dass ihre Erfahrungen nicht mehr gefragt sind bzw. als „antiquiert" abqualifiziert werden, haben auch sie sich in Toleranz einzuüben. In schnelllebigen Zeiten verlieren altüberkommene Erfahrungen an Wert, weil sie mit den aktuellen Denkmodellen nicht Schritt halten können.

Spaltung ist nur überbrückbar mit gegenseitiger Achtung und gegenseitigem Respekt im Vertrauen darauf, dass nichts hundertprozentig gesichert ist, *meine* Meinung nicht, *deine* Meinung nicht, *seine* und *ihre* Meinung nicht ... Das Ringen um Wahrheit geht weiter auf dem breiten Pfad der Irrtümer, den wir offensichtlich niemals zur Gänze hinter uns lassen können.

Von der Klage zum Wertbewusstsein – ein dringend benötigtes Umdenken!

Es wurde bereits erwähnt, dass die vielen Klagen „beklagenswert" sind. Die Zahl derjenigen Menschen, die einer psychotherapeutischen Behandlung bedürfen, ist seit Jahrzehnten angeschwollen. Im Wohlstand klagten die Menschen über volle Terminkalender, Erschöpfung, lästige Arbeitsroutine, aber ebenso über Langeweile, Unausgefülltheit, versäumte Selbstverwirklichung, unerquickliche Partnerschaften, meuternden Nachwuchs, und so fort. Die psychotherapeutischen Praxen platzten vor Patienten, denen es „eigentlich" gut ging. Tragische Einbrüche, wie wir sie derzeit erleben, pflegen solches Quengeln rasch vom Tisch zu fegen, denn Tragödien verschieben die Relationen zugunsten der kleinen Alltagsreibereien. Andererseits aber servieren tragische Einbrüche erst recht Gründe und Auslöser fürs Jammern. Das alles soll nicht heißen, dass Klagen überflüssig seien. Es erleichtert durchaus, wenn man jemandem sein Herz ausschütten kann – notfalls gegen Bezahlung.

Die Profis stellten Überlegungen darüber an, wie mit den vielen Klagen ihrer Klientel zu verfahren sei. Anteil nehmendes Zuhören allein kann nämlich bewirken, dass sich die Klagenden immer tiefer in ihren Kummer hineinsteigern und darüber hinaus nichts mehr rund um sich herum wahrnehmen. Sie geraten in einen Strom negativer Erwartungshaltungen, was sie zunehmend in Depressionen hineinzieht. Ein weiterer Grund, gesprächstechnisch nicht ausschließlich sanfte Empathie einzusetzen, liegt darin, dass verständnisvolles Zuhören die Eigeninterpretationen der Ratsuchenden verstärken. Man kann aber (wie vorhin angeklungen) fast jedwede Sachlage mehrfach interpretieren, und mitunter ist eine andere Deutung psychohygienisch opportuner und auch reeller.

Zum Schmunzeln verlockte einst ein kleines psychologisches Experiment, bei dem man Versuchspersonen ein weißes Blatt Papier zeigte, auf dem sich ein schwarzer Punkt befand. Gefragt, was sie sehen würden, erwiderten die meisten Probanden, sie sähen einen schwarzen Punkt. Nur besonders „schlaue Füchse" erwiderten, sie sähen ein weißes Blatt Papier mit einem schwarzen Punkt darauf. Tiere und Menschen sind nun einmal darauf geeicht, primär das Negative zu erkennen, um es möglichst abzustellen. Sie registrieren den Schmerz, aber nicht die Abwesenheit von Schmerz. Sie registrieren den Hunger, aber nicht die Sattheit. Ihnen fällt der schwarze Punkt in ihrem Lebensgefüge auf und nicht das blütenweiße Papier … Lauscht man Patientinnen und Patienten dann geduldig beim Lamento über den „schwarzen Punkt", enthält man ihnen das Vorhandensein ihres „weißen Papiers" vor.

In diesem Dilemma hat sich ein Denkansatz von Frankl bewährt. Ihm zufolge steckt hinter jeder Klage ein Wertbewusstsein. Beschwert sich zum Beispiel jemand über zu viel Arbeitsdruck, dann wohnt in ihm die Vorstellung von einem angenehmen Arbeitsklima. Oder leidet jemand am ehelichen Gekeife, dann schwant ihm das Ideal einer behutsamen Gesprächskultur vor. Was jeweils weh tut, ist die Verfehlung eines Wertes, und zwar eines Wertes, *der erkannt wird.*

In der psychotherapeutischen Praxis kann man sich dies zunutze machen, indem man die Konzentration des Betreffenden umdirigiert und mit ihm diskutiert, was *er selbst* zur Erhaltung und Förderung des von ihm erkannten Wertes leisten könnte. Nichts motiviert so stark wie der Wille, einem Wert zu dienen, der einem wichtig ist. Sobald jemand bereit ist, sich zum Beispiel am Arbeitsplatz für ein freundlicheres Arbeitsklima oder in seiner Familie für eine respektvollere Gesprächskultur einzusetzen, verwandelt sich seine Klage in Engagement. Er wirft die passive Opferrolle ab und schlüpft in die Rolle eines aktiven Mitgestalters hinein.

Dasselbe sollte angesichts von Unglücken aller Art reihum geschehen. Aus den Klagen muss sich allmählich das verdeckte Wertbewusstsein herausschälen. Vor allem das Bewusstsein bedrohter Werte. Und es keimt bereits vielerorts. Wissenschaftler betreiben ihre Studien auf Hochtouren. Ärzteteams verzeichnen enorme Fortschritte. Ingenieure entwickeln revolutionierende Energiegewinnungstechnologien. Finanzexperten öffnen Rettungsschirme. Staatsmänner springen über ihre Schatten. Soziale Organisationen intensivieren ihre internationalen Hilfsprojekte. Einzelhändler kümmern sich um erträgliche Arbeitskonditionen für ihre Angestellten. Klima- und Umweltschützer finden mehr Gehör denn je. Selbst Skeptiker der Greenpeace-Bewegung geben zu, dass ungehindertes Durchatmen-Können ein hohes Gut ist, das nicht durch verpestete Lüfte aufs Spiel gesetzt werden sollte. Wir Menschen sind nun einmal auf unsere Lungenfunktion angewiesen, und es wäre doch absurd, ein Covid- oder Grippevirus zu verjagen und den Smog hereinzulassen … Der

Chor der bloß Klagenden schrillt immer noch, aber die Lautstärke dämmt sich allmählich ein.

Wenn wir etwas Wichtiges aus dem Wetterleuchten unserer Ära mitnehmen wollen, dann möge es dies sein: Dem biopsychischen Hang, hauptsächlich das Unzulängliche und Defekte wahrzunehmen, bewusst entgegenzutreten. Klar, dass man zum Beispiel beim Wandern aufgeschürfte Wunden an den Fersen bemerkt, aber keinerlei Gedanken an seine Fersen verschwendet, solange diese intakt sind. Trotzdem können die Trends unserer Veranlagung ein wenig moduliert werden. Es ist nicht ausgeschlossen, bei einer Waldesrast außer Brötchen zu kauen auch jubelnd zu bedenken, welche Gnade es ist, wenn einen keine Schmerzen plagen.

In diesem Zusammenhang ein Hinweis zu den zwischenmenschlichen Systemen. Jeder von uns bekommt im Laufe seines Lebens zu viel Kritik und zu wenig Lob seitens seiner Mitmenschen. Das ist die logische Folge davon, dass es auch den anderen stets auffällt, was wir falsch anpacken, dass es ihnen aber nicht auffällt, wenn wir bestens funktionieren. Nehmen wir es sportlich! Es wird sich nicht viel daran ändern lassen, und wir können bloß eines tun: Uns selbst anerkennend auf die Schulter klopfen, wenn wir wissen, dass wir es verdienen. Warum denn nicht? Wir grämen uns ja auch, wenn wir versagt haben. Wir können unser eigener, fairer – nicht zu strenger und eher gütiger, aber dennoch ehrlicher – „Richter" werden und uns von den flott geäußerten Richtsprüchen anderer möglichst unabhängig machen.

Ja, und noch etwas Grandioses können wir tun: Unsere Mitmenschen mehr loben als bisher, und das heißt, bewusst mehr auf ihre Tugenden hin beobachten. Das kostet wenig, und erzeugt viel Freude!

Doch zurück zu den Klageanlässen aller Art. Der amerikanische Slogan: „Love it, leave it, or change it" ist ein ziemlich guter Garant für ein einigermaßen harmonisches Leben, wenngleich nicht für ein gemütliches Leben. Denn er verbietet nörglerische Passivität und erfordert unbequeme Aktivität.

Wenn uns etwas nicht gefällt – wie können wir es dann „lieben" („love it")? Nun, vielleicht ist ein Umdenken machbar. Vielleicht ist ein Arrangement, eine Dennoch-Akzeptanz in Reichweite. Man kann sich manches Ja abtrotzen, muss aber dabei sicherstellen, dass nicht ein innerliches Nein ständig dagegen schießt. Angenommen, jemand findet seinen Traumjob nicht und weicht auf einen für ihn öden Arbeitsplatz aus. Er könnte sich innerlich daran festhalten, dass es super ist, nicht arbeitslos zu sein, den täglichen Anforderungen gewachsen zu sein, über ein regelmäßiges Einkommen zu verfügen, eine Krankenversicherung und Altersvorsorge zu besitzen, und die Seinen ernähren zu können. Nur muss der Betreffende aufpassen, dass sein „trotzdem Ja" zum Arbeitsplatz über etwaige restliche psychische Widerstände in ihm selbst dominiert, da er anderenfalls in eine innere Zerrissenheit gerät, die seine geistigen „Festhaltegriffe" unterminiert.

Wenn dem so wäre, wenn er trotz aller Akzeptanzbemühungen innerlich hin und her gerissen wäre, ist die Möglichkeit, den Arbeitsplatz wieder zu verlassen („leave it"), noch einmal unter die Lupe zu nehmen. Zeigt sich wirklich weit und breit keine Alternative, oder hat der Betreffende nur nicht genügend gesucht? Würden viel Geduld und Ausdauer zu Ergebnissen mit minimaler Verbesserung führen? Niemand hindert ihn daran, sich außerhalb seiner Arbeitszeit beständig nach Zufallstreffern umzuschauen, die ihm neue Tore öffnen könnten, bzw. sich für solche vorzubereiten oder weiterzubilden.

Und wenn auch Geduld und Ausdauer keine Glückstreffer zeitigen? Wie sieht es dann damit aus, im Rahmen des vorhandenen Arbeitsplatzes kleine Veränderungen („change it") herbeizuführen, die die Stimmung aufhellen? Immer und überall gibt es einen winzigen freien Spielraum, in dem man nicht festgenagelt ist. Was ist es überhaupt, was dem Betreffenden so missfällt? Raus aus dem Klagen und rein ins Wertbewusstsein! Was wünscht er sich beim Arbeitsprozess?

Was würde diesen für ihn und alle Mitbeteiligten aufwerten? Es könnte hilfreich sein, dies für sich selbst klar zu definieren, eventuell sogar auf einem Zettel aufzulisten. Und jetzt zur „Gretchenfrage“: Was gibt der winzige freie Spielraum des Betreffenden her, um die Dinge exakt in diese Richtung zu manövrieren? Sobald dazu eine Antwort in Sicht wäre, würde sich die Öde legen.

Das „Karussell der Lieblosigkeit“ – und der Verzicht auf Retourkutschen

Es war die Rede von dem Fall, dass uns etwas missfällt, und der Überlegung, ob wir es dennoch *lieben*, deswegen *verlassen* oder wenigstens ein kleines Bisschen *verändern* könnten. Alle drei „Lösungen“ verlangen einen kühlen Kopf, aber gerade bei argen Frustrationen ist Besonnenheit rar. Schnell erhitzen sich die Gemüter, und ehe man sich versieht, haben Wut, Zorn und Hass die Vernunft ausgeschaltet, und einer attackiert den anderen. Plötzlich herrscht Krieg. Dabei sehnt sich jedermann nach Frieden. Ist der Wunsch nach Frieden unerfüllbar?

Keineswegs. Nur genügt es eben nicht, den Frieden herbeizusehnen. Jeder Einzelne von uns ist gefragt und eingeladen, resolut zur Friedensstiftung beizutragen. Denn wenn wir nicht imstande sind, in unseren Wohnzimmern, Schlafzimmern, Arbeitsbereichen etc. Frieden zu halten und zu schaffen, wie soll dann ganzen Völkern eine friedliche Koexistenz gelingen?

Aber warum ist es so schwer, den Frieden zu bewahren? Nun, es ist kinderleicht, solange man sich in der Gemeinschaft, der man zugehört, integriert und angenommen weiß. Wird man hingegen angeschnauzt, beschämt, ungerecht beschuldigt, verleumdet oder sonst irgendwie empfindlich getroffen, dann sieht die Sache anders aus. Sofort ist das dringende Bedürfnis da, zurück zu schnauzen, zurück zu beschämen usw. – also auf Konfrontation mit dem Angreifer zu gehen. Das „Wie du mir, so ich dir"-Prinzip steckt als tierisches Erbe tief im Menschen drinnen. Und es kommt noch schlimmer: Hat man das Gefühl, dem Angreifer unterlegen zu sein, also zur (nur scheinbar logischen) „Retourkutsche" nicht imstande zu sein, dann ist man schnell bereit, den eigenen Ärger und die eigene Entrüstung an Unschuldigen und Unbeteiligten auszulassen. Wiederum gemäß der tierischen Hackordnung, der zufolge man von denjenigen gehackt wird, gegen die man sich nicht wehren kann, und dafür diejenigen hackt, die sich gegen einen selbst nicht wehren können. Auf solchen Wegen ist freilich kein Friede herstellbar; es entstehen bloß Zirkel oder Endlosfortsetzungen des Leides, das einander gegenseitig zugefügt wird.

Das bedeutet, dass wir uns schon ein wenig über unsere animalischen Instinkte erheben bzw. von unserem spezifisch humanen geistig/ethischen Potential Gebrauch machen müssen, wenn wir uns einer Friedenssicherung annähern wollen. In der Geschichte „Der kleine Weg zum Frieden" von Bert Losse[3] beschreibt der Autor eine ungewöhnliche Alternative zum simplen Zurück-Beißen oder Um-sichbeißen. Hier ein Auszug daraus:

Ein Mann setzt sich im Park auf eine Bank. Ein fünfjähriger Junge klettert neben ihn. „Guten Tag", sagt der Mann. „Das ist meine Bank!" sagt der Knirps. „Hmm", sagt der Mann und kramt in seiner Hosentasche. Zwei Bonbons kommen zum Vorschein. „Kannst ja eines haben", sagt der Mann. „Joooh." Beide betrachten angestrengt ihre Schuhe. Der Knirps malt mit seinen Zehen Kreise in die Luft. „Kannst auch ein Stück von meiner Bank haben." Schweigend sitzen sie nebeneinander und lutschen ihre Bonbons.

Das ist *kein kleiner* Weg, sondern geradezu der Königsweg zum Frieden. Der Mann auf der Bank lässt sich nicht provozieren, sondern beantwortet die Unhöflichkeit des Knirpses mit einem (nur

---

[3] Bert Losse, Körner Verlag, Fellbach, 1993

scheinbar unlogischen) Freundschaftsvorschuss. Schluss mit „Wie du mir, so ich dir“! Schluss mit der Leid-Vermehrung! Er kommt dem Jungen ein Stück entgegen, er reicht ihm die Hand, er schaltet die Aggression aus, die in der Luft hängt … und selbst ein Fünfjähriger kann sich der Wundheilung der Güte nicht entziehen.

Was meine ich mit Wundheilung? Psychologen und Neurobiologen haben längst herausgefunden, dass es hauptsächlich Verwundete sind, die Wunden schlagen. Der Experte Gerald Hüther sprach in einem seiner Vorträge sogar davon, dass das Böse zwischen den Menschen „der ständige Mitfahrer auf dem Karussell der Lieblosigkeit sei, das sich von Generation zu Generation weiterdreht. Wer böse behandelt worden ist, neige dazu, andere böse zu behandeln.“ Auch der Junge auf der Bank wird vermutlich schon einige Dämpfer in seinem kurzen Leben erlebt haben. Aber darauf kommt es letztendlich nicht an. Niemandem bleibt es erspart, Enttäuschungen und Unannehmlichkeiten einzusammeln. Um den Frieden nicht stets aufs Neue zu verspielen, bedarf es Verwundeter, *die aufhören, Wunden zu schlagen.* Bedarf es einer Generation, *die das Karussell der Lieblosigkeit anhält.* Es bedarf der Helden und Heldinnen, die Zirkel und Fortsetzungen des Leides aufbrechen und unterbrechen, indem sie einen erfahrenen Schmerz weder zurückgeben noch weitergeben, sondern dadurch entschärfen, dass sie ihn in eine menschliche Meisterleistung transformieren: nämlich aushalten und in ihren Reaktionen darauf Niveau halten. Indem sie einem „Feind“ mit Souveränität und Großzügigkeit begegnen, erretten sie die Hoffnung für ihn und sich, den Schlingen permanenter Feindseligkeit zu entrinnen. Gewiss, man darf nicht alles mit sich machen lassen, doch selbst notwendiges Grenzen-Aufzeigen kann noch im Rahmen von Achtung und anständigem Benehmen geschehen.

Frankl hat 1945 solch eine Meisterleistung vollbracht. Er zog nach seiner Befreiung aus höllischen Konzentrationslagern buchstäblich den Häftlingskittel aus, den Arztkittel wieder an, und half seinen Patientinnen und Patienten in der Wiener Poliklinik mit brillanter therapeutischer Kunst – ohne jemals zu fragen, ob sie früher dem antisemitischen Gehetze zugejubelt haben oder nicht. Auf diese Weise trug er nicht nur zur deutsch-jüdischen Aussöhnung bei, sondern fand auch zum inneren Frieden mit seiner eigenen Vergangenheit. Kein Wunder, dass ihn die Katholische Universität von Porto Alegre/Brasilien einmal für den Friedensnobelpreis vorgeschlagen hat. Vielleicht ist es kein schlechter Tipp für Personen, die sich mit einem posttraumatischen Stresssyndrom herum quälen, generös und zuversichtlich seelische Altlasten abzuwerfen, mit Rachegelüsten und Vorwürfen aufzuhören und sich dazu durchzuringen, künftig statt dem Leid lieber die Hoffnung in der Welt zu vermehren, und statt „Retourkutschen-" und „Karussellfahrten" lieber Wege der Güte zu beschreiten.

Ich habe mehr als 30 Jahre lang mit zutiefst frustrierten Patientinnen und Patienten zu tun gehabt, und darf mich daher als Spezialistin in Strategien zu Bewältigung von Frustrationen betrachten. Frustrationen vergiften die Seele, wenn man sie nicht beizeiten entsorgt. Frustrationen zerstören die Ruhe des Herzens und die Immunität des Organismus. Frustrationen kleben die Gedanken an einem unerfreulichen Inhalt fest und scheuchen Erfreuliches außer Sicht. Frustrationen sind das Fundament aller eskalierenden Konflikte mit dem Potential, dass die Widersacher sich schlussendlich gegenseitig in den Abgrund zu reißen. Und dennoch … Friedrich Hebbel hat einmal gesagt: „Das Leben ist nicht etwas, sondern immer nur die Gelegenheit zu etwas." In Variation möchte ich behaupten: „Auch Frustrationen sind nicht etwas, sondern nur die Gelegenheit zu etwas." Sie setzen hirnphysiologisch ein paar Automatismen frei, aber sie können dennoch auch die Gelegenheit dazu sein, Menschsein in seiner edelsten Form zu aktivieren und zu demonstrieren. Das sollten wir uns noch ein wenig genauer anschauen.

Drei Möglichkeiten, mit Frustrationen umzugehen – und eine vierte!

Frustrationen sind sowohl im Tierreich als auch im menschlichen Bereich gut erforscht. Die Texte darüber füllen ganze Wände von Bibliotheken. Doch das Grundprinzip ist schlicht. Frustrationen im Tierreich gehen mit Lebensbedrohungen einher. Sie treten zum Beispiel auf, wenn ein Tier von einem anderen gejagt oder gebissen wird. Aber die Natur lässt ihre Lebewesen nicht im Stich. Sie gewährt ihnen einen Energieschub zur Verteidigung: *Frustration erzeugt Aggression.* Eine Aggression ist in biologischer Relevanz nichts Anderes als ein Kräftezufluss. Hormone wie Adrenalin werden ausgeschüttet, das sympathische Nervensystem wird stimuliert, die Herztätigkeit wird angekurbelt, die Sinnesorgane werden in Alarmbereitschaft versetzt, u. Ä.

Psychisch verleihen Wut und Panik (je nachdem) dem Lebewesen zusätzliche Energien. Schließlich gilt es, ums Überleben zu kämpfen. Wobei das passende Mittel der Wahl Tieren fest diktiert ist. Ihr Instinkt sagt ihnen, ob sie mit ihrem Angreifer ringen müssen – wofür sie genügend Wut im Bauch brauchen – oder ob sie vor ihm fliehen müssen – wofür die Panik sie mit Hochgeschwindigkeiten ausstattet. In manchen Fällen auch, ob die Tiere sich tot stellen müssen, wofür ebenfalls Aggressionsgefühle sorgen, die sie vorübergehend „autoaggressiv" in ihren Bewegungen lähmen. Die Aggression ist biologisch nichts Anderes als ein von Bedrohungen ausgelöster Kraftimpuls zur Überlebenssicherung.

Desgleichen ist sie beim Menschen ebenfalls. Doch wie sich beim Menschen alles Archaische weitet, so sind auch die Bandbreiten von Frustrationen und Aggressionen unvergleichlich größer. Unter Frustrationen verstehen wir bei uns eher Schmerzen der Psyche als leibliche Gefahren, und dafür reichen schon eine demütigende Beschimpfung, ein kränkendes Geplänkel, der Triumph eines Rivalen, ein

Mauerblümchendasein, ein herber Misserfolg u. dgl. mehr. Letztlich sind solche Angriffe auf uns auch „Bedrohungen", denn sie gefährden zwar nicht unser Leben aber unser Selbstwertgefühl, bzgl. dessen wir heikel sind.

Es besteht kein Zweifel, dass psychische Schmerzen genauso Aggressionen erzeugen wie körperliche, inklusive des dazugehörigen physiologischen Programms. Nur ist uns im Kontrast zu den Tieren *nicht* diktiert, wofür wir unseren von der Frustration hervorgerufenen Energieschub verwenden bzw. wohin wir ihn lenken müssen. Wir haben *die Gelegenheit zur Wahl.*

Die gängigen Möglichkeiten sind vierfach, aber *nur eine davon* ist „höheren Horizonts".

1. Wir haben zum einen die altbekannte Möglichkeit, denjenigen, der uns frustriert, zurück zu ärgern. Mit dem Feind zu ringen wie die Tiere. Nach dem primitiven Rache-Motto wird der Streit ausgefochten, und zumeist bleiben zwei Verlierer auf der Strecke. Ist es kein personaler Feind, gegen den wir uns aufbäumen, sondern eine Schicksalsfügung, wird gezetert und gewettert über die Ungerechtigkeiten des Schicksals und die Gemeinheiten des Lebens.

2. Wir haben zum zweiten die Möglichkeit der Flucht und der Autoaggression in einem Umfang, wie sie Tiere nicht kennen. Man will die Frustration nicht wahrhaben und steckt den Kopf in den Sand. Weil sie aber wahr *ist* und einen plagt, verfällt man in Depressionen bis hin zu Suizidgedanken. Oder man produziert psychosomatische Beschwerden bis hin zu Selbstverletzungen. Oder man flüchtet in von Drogen induzierte Illusionen. Man unterwirft sich ohnmächtig-lethargisch einem personalen Feind oder einem grausamen Schicksal.

3. Die dritte Möglichkeit wäre eigentlich skurril, wäre sie nicht so traurig. Sie besteht darin, den Frust gleichsam am „Falschen" auszuagieren. Man ärgert sich über A und schlägt auf B ein. Warum? Viel-

leicht dünkt A zu mächtig, um sich mit ihm anzulegen. Vielleicht steht B nur zufällig im Weg. Vielleicht will man die lodernde Wut, die in einem brodelt, um jeden Preis loswerden, egal, wohin sie fließt. Jetzt ist B frustriert. Wenn B nun dasselbe macht und vor lauter Frust auf C hinschlägt, gebiert Leid kontinuierlich neues Leid. Solche Kettenreaktionen sind omnipräsent. Manche Menschen reißen sich insofern am Riemen, als sie ihren Groll eher an Dingen austoben, die sie in ihrer Wut zertrümmern, aber viel nobler ist diese Strategie auch nicht.

Eine meiner Patientinnen hat ihre 30jährige Tochter durch eine Krebserkrankung verloren. Man sollte meinen, dies sei Kummer genug für eine Mutter. Aber ein zusätzlicher Kummer addierte sich ihrem Leid auf. Ihr Mann beschuldigte seine Frau, quasi Schuld am Tod des Kindes zu sein, weil in ihrer Familie einige Verwandte an Krebs gelitten hatten. Es sei *ihr* Erbgut gewesen, das der Tochter die Lebenschance vermasselt habe. Als die Patientin bei mir saß, war ihr Mann bereits verstorben, aber seine Vorwürfe nagten immer noch an ihr.

Nach demselben Prinzip verlaufen wüste Ausschreitungen, bei denen geplündert wird, Brandsätze fliegen, Passanten in Massaker verwickelt werden. Mengenproteste mögen berechtigt sein, doch Unschuldige und Unbeteiligtes zu schädigen, ist und bleibt Unrecht. Wenn es jemals die Charta eines „Weltethos“ geben sollte, wie sie Hans Küng vorgeschwebt hat, dann würde ich dafür plädieren, als erstes Gebot *den Schutz aller Unschuldigen* festzuschreiben. Dieses eine Gebot allein würde praktisch sämtliche kriegerischen Handlungen unterbinden. Insbesondere in einer weltumspannenden Krisenzeit muss man sehr genau aufpassen, was man wem ankreidet, und wie man sich seinen Mitmenschen gegenüber verhält. Denn wenn Millionen Menschen frustriert sind, dann breiten sich ungerechte Angriffe gegen Unschuldige in Windeseile aus, und Böses gebiert immerfort Böses.

4. Das alles klingt wenig tröstlich, gäbe es nicht noch Möglichkeit Nr. vier. Und es war Frankl, der in seinen Schriften konsequent auf diese spezifisch humane Art der Aggressionseinbremsung hingewiesen hat. In seinem Kernsatz: „Nicht im Dass des Leidens, sondern im Wie des Leidens liegt der Sinn des Leidens“ hat er die Botschaft lanciert, dass der Mensch auch aufrecht und würdig einem Kontrahenten oder einer Schicksalslast begegnen kann. Ohne zu fliehen, ohne in pure Gegenaggression zu verfallen und ohne die gestartete Leid-Kette noch mehr auszudehnen. Es ist nicht unmöglich, sich friedlich-sachlich mit einem Gegner auszusprechen, wie es nicht unmöglich ist, ein unaufhebbares Schicksal in Würde auf sich zu nehmen. Freilich könnte man einwenden, dass damit allzu viel von einer schmerzgeplagten Person verlangt sei. Woher solle sie die Kraft dafür nehmen? Doch halt – *sie hat ja Kraft, sogar überschießende Kraft* aus ihrem biologischen „Frustrations-Aggressions-Fond“! Sie braucht nur den Energieschub, den ihr die Natur im Fall einer Frustration spendet, in den festen Willen investieren, ihr Leid nicht zu perpetuieren, sondern in eine großartige menschliche Haltung bzw. Handlung zu verwandeln, die sie adelt und Unbeteiligte schont.

Meine Empfehlung: Vergessen wir diese vierte Möglichkeit nie. Sie ist bloß eine Möglichkeit, mehr nicht, aber sie kann durch jeden von uns zu einem Stück Wirklichkeit werden. Frustrationen geben dazu eine sensationelle Gelegenheit her.

Die Streiche des Mandelkerns und wie man sie austricksen kann

Was diese herausragende vierte Möglichkeit der Bewältigung von Frustrationen häufig untergräbt, sind blanke Impulsivität und der Verlust an Selbstkontrolle. Dabei spielt uns der Mandelkern (die

Amygdala) im Mittelhirn, der zum limbischen System gehört und für starke Gefühle zuständig ist, einen Streich. Von ihm führt zwar ein Nervenstrang direkt zum Stirnhirn (dem präfrontalen Cortex), dessen Aufgabe es ist, eintreffende Informationen auf ihre Wichtigkeit hin zu überprüfen und eine der Situation entsprechende Reaktion in Gang zu setzen. Das Problem ist nur, dass dieser Nervenstrang rund 20 Jahre braucht, um entwickelt und mit einer Schutzschicht gut isoliert zu sein. Wie man mit Herausforderungen und Schwierigkeiten adäquat und moderat umgeht, sollte man aber spätestens ab der Pubertät erlernen, und zu diesem Zeitpunkt ist die Verbindung vom Mandelkern zur cerebralen Kontrollstelle noch mangelhaft und schlecht isoliert. Das zeigt sind in jugendlichen Überreaktionen, die in keinem Verhältnis zum jeweiligen Auslöser stehen, oder gar in unreflektierten Gewaltausbrüchen von Adoleszenten.

Das Anschlussproblem ist, dass sich derlei inadäquat pubertäre Verhaltensmuster zu Gewohnheiten verdichten können, die über die 20erjahre hinaus hängen bleiben und dem Mandelkern eine Art Regentschaft über den Verstand erlauben. Wieder einmal kreisen dann Zirkel des Leides eine Person ein: Niemand mag Leute mit fehlender Selbstkontrolle, die schon bei geringen Vorkommnissen ihre Arbeit hinschmeißen, herumbrüllen oder vor explodierender Brutalität strotzen. Von niemandem gemocht und von den Mitmenschen zurückgewiesen, produziert der Mandelkern im Gehirn solcher Leute heftige negative Gefühle, die sich erneut über die Mahnungen des Stirnhirns hinwegsetzen.

Wie ist da Abhilfe zu schaffen? Ganz sicher nicht mit Rechtfertigungen und Ausreden. Was Frankl den „neurotischen Fatalismus“ genannt hat, nämlich die Redewendung: „Ich bin halt so“, was heißen will: „... und kann nicht anders“, ist das Ende jeder Chance auf Veränderung. Auch die ausgeklügelten Erklärungen, was früher die Eltern oder gegenwärtig die Kontaktpersonen alles verbrochen hätten, um einen werden zu lassen, wie man geworden ist, sind ineffektiv. Wahr oder nicht, unnütz sind sie auf jeden Fall. Was einzig nützt, ist die Tatsache, dass unser Gehirn ungemein plastisch und lernbegierig ist, und dies sogar noch in fortgeschrittenem Alter. Jede gemäßigte Reaktion, die man sich eisern abtrotzt, lässt neue Nervenverbindungen sprießen. Jedes Selbstkontrolltraining, das man sich auferlegt, stärkt die cerebrale „Oberhoheit" und hält den Mandelkern in Schach.

Frankl wurde nicht müde zu betonen, dass zum geistigen Equipment des Menschen auch die Fähigkeit zur Selbstdistanzierung gehört. Man „ist" nicht identisch mit dem, was man „hat". Man „hat" Sorgen, Ängste, Wut, Eifersuchtsgefühle und desgleichen, aber man „ist" viel mehr als all dies zusammen. Ein Verfahrensbeispiel dazu aus der psychotherapeutischen Praxis:

Ein Mann kommt mit bedrückter Miene und verbissenem Gesichtsausdruck in die Beratung. Er wird gebeten, zu Papier zu bringen, was ihn belastet. Nach einer Weile steht hingekritzelt zu lesen, dass ihn jüngst ein Mitarbeiter verspottet und fürchterlich geärgert hat. Am liebsten würde der Mann diesen Mitarbeiter vor lauter Zorn erwürgen. Das Papier liegt nun vor ihm auf dem Tisch, und damit ist sein emotionaler Kloß sozusagen „ausgelagert" – er steckt nicht mehr unausgesprochen in seiner Brust. Jetzt wird der Mann gebeten, mit seinem Stuhl ein wenig vom Tisch abzurücken, das heißt, zu dem, was auf dem Tisch liegt, räumlich wie seelisch auf Distanz zu gehen.

In einem nächsten Schritt sind verschiedene Stellungsnahmen zu dem „Ärgernis-Delikt" imaginativ durchzuchecken. Klar kann er seinen Mitarbeiter erwürgen, im Gefängnis bekommt er immerhin Kost und Quartier gratis. Der Mann schnaubt. Keine Lust darauf? Er kann sich auch Tag und Nacht über das Vorgefallene grämen, unruhig im Schlaf wälzen und seines Lebens nie mehr froh werden. Es ist nicht verboten, einen Ärger treu und brav mit sich herumzuschleppen. Ein Lächeln stiehlt sich auf die Wangen des Mannes. Auch keine Lust dazu? O, darüber lachen wäre natürlich auch eine Option. Etwa darüber lachen, dass ihn keine andere Malaise anficht als der rhetorische

Ausrutscher eines Kollegen. Darüber, dass er weder obdachlos ist, noch in einem Hospiz mit dem Tode ringt … Das Lächeln des Mannes vertieft sich. Aber bitte nicht vorschnell wählen: Es gibt noch andere Alternativen! Ziemlich locker wäre es, dem Mitarbeiter dessen schäbige Bemerkung schlichtweg zu vergeben. „Du bist ein armer Kerl“, könnte der Mann sich denken, „wenn du nichts Besseres zustande bringst als Spott und Häme!“ Vielleicht schleicht sich sogar ein Hauch von Mitleid mit dem „armen Kerl“ ein, wer weiß? Das Lächeln des Mannes wird von Nachdenklichkeit abgelöst. Und nachdenken ist immer heilsam. Was hat den „armen Kerl“ eigentlich zu seinen kränkenden Äußerungen verführt? Sich in einen „Feind“ hineinzudenken und einzufühlen, ist zwar ungewöhnlich, aber mitunter recht illustrativ. Zugegeben, der gemobbte Mann selbst ist zuvor auch nicht gerade zimperlich mit seinem Mitarbeiter verfahren. Aber zu Recht – oder etwa nicht? Die Nachdenklichkeit in den Zügen des Ratsuchenden verstärkt sich. Recht, Unrecht, das ist schwer zu beurteilen. Aber was soll's? Er könnte den ersten Schritt tun und das Gespräch mit seinem Mitarbeiter wieder aufnehmen. Wenn er ihm signalisiert, wie sehr er sich verletzt gefühlt hat, was würde der andere entgegnen? Es kann schon sein, dass dieser noch weiter motzt, aber auch, dass dieser sich verlegen entschuldigt. Man kann sich ja überraschen lassen! Eine Eigeninitiative setzen, statt sich bloß zu ärgern – die Miene des Ratsuchenden erhellt sich. Ein ruhiges, klärendes Gespräch würde zweifellos die Wahrscheinlichkeit heben, dass sich die Unstimmigkeiten einrenken. Das würde die künftige Zusammenarbeit der beiden wesentlich erleichtern. Und da ist noch etwas, das den Mann innerlich anrührt. Er späht zum Tisch hinüber, auf dem sein Zettel liegt. Irgendwie ist er stolz darauf, wieder „Herr im eigenen Hause“ zu sein und nicht mehr „Untertan eines berstenden Zorns“, der die Gräben nur weiter aufreißen würde.

Die Weltgeschichte lehrt, dass man schneller in aufgerissene Gräben hineinplumpst, als man glaubt. Vom „am liebsten würde ich … erwürgen“ zum tatsächlichen Erwürgen ist kein langer Weg.

Was braucht es also für ein Selbstkontrolltraining, falls man ein solches aus irgendwelchen Gründen nötig hat? Wir haben verstanden: Ein gerüttelt Maß an Selbstdistanzierung und eine kognitive Öffnung hin zu den vorhandenen freien Wahlmöglichkeiten, die sich in der jeweiligen Situation anbieten. Ehrlicherweise muss man jedoch hinzufügen: *Zuallererst braucht es den Verzicht auf unbeherrschte Affektreaktionen.* Ohne diesen Verzicht bleibt man im Status der „wilden Bestie", was alle Sozialarbeiter und Berater von Zentren zur Gewalt-Prävention bestätigen werden. Hinsichtlich überschießender aggressiver Impulse ist der Verzicht darauf, ihnen auf der Stelle nachzugeben, ein unerlässlicher Rettungsfaktor. Er kann Leben retten. Auf jeden Fall aber rettet er das Menschliche am Menschen selbst, das anderenfalls im Gefühlschaos untergeht.

Kann man über seinen Willen, kann man über seine Zeit verfügen?

Spitzenreiter der in psychotherapeutischen Praxen vorgebrachten Argumente, warum eigenes Stolpern und Scheitern unausweichlich sei, sind 1. die Behauptung, zu willensschwach zu sein, um gute Vorsätze zu realisieren, und 2. die Behauptung, nie genügend Zeit zu haben, um solche guten Vorsätze längerfristig durchzuhalten. Man würde ja gerne zum Fettabbau und Muskelaufbau regelmäßig ins Fitnessstudio gehen. Aber an windigen, regnerischen Abenden, an denen man müde von der Tagesstrapaze ist, könne man sich dazu nicht mehr aufraffen. Oder: Man würde es ja wirklich gerne tun, aber wann solle man die zwei Stunden dafür abzweigen? Der Beruf erfordert Zeit, die Handgriffe im Haushalt werden nicht weniger, und schließlich gibt es da noch die Partnerschaft und die Kinder!

Das ist alles sehr einsichtig, und dementsprechend ist die Welt voller abgebrochener oder nie angepackter guter Vorsätze. Jede Art von Training erfordert nun einmal einen festen Willen und einen sich abgerungenen Zeitaufwand. Trotzdem gibt es eine Elite von Personen, die dem Reiz der beiden Argumente widerstehen. Es sind, statistischen Untersuchungen von Steven Covey und anderen zufolge, die besonders erfolgreichen Menschen, die ihre guten Vorsätze konsequent durchziehen und sich ihre Zeit geschickt einzuteilen vermögen. Wie machen sie das bloß? Blättern wir nach, welche Schlussfolgerungen den genannten Untersuchungen zu entnehmen sind.

1. Zum Argument der fehlenden Willensstärke

Mit dem menschlichen Willen haben sich zahlreiche Studienprojekte befasst. Eines der interessantesten Resultate war, dass es einen enormen Unterschied ausmacht, ob sich jemand für willensfrei hält oder nicht. Wer an seiner Willensfreiheit zweifelt, ist laut Studien eher unternehmungsschwach und faul, eher zu unmoralischen Handlungen bereit (er hat ja angeblich keine Wahl) und eher undankbar für ihm erwiesenes Gutes (die anderen hatten ja auch keine Wahl). Eine bei sich selbst diagnostizierte Willensschwäche verleitet demnach zu drastischem Fehlverhalten.

Analoges gilt für etwaige Vorhaben. Laut Statistik nehmen sich ca. 18% der deutschen Raucher zum Jahreswechsel vor, mit dem Rauchen aufzuhören. Ca. 3% von ihnen halten durch. Es ist erwiesen, dass die 15% der Raucher, die es nicht schaffen, in der Majorität zu denjenigen zählen, die grundsätzlich Bedenken bezüglich der menschlichen Willensfreiheit haben. Wohingegen die 3% der siegreichen Nicht-mehr-Raucher von der Macht ihres Willens überzeugt sind und waren.

Der Vollständigkeit halber muss dazugesagt werden, dass unter denjenigen, die sich für willensfrei halten, eine kleine Untergruppe überzogene Vorstellungen von ihrer Willensmacht hat. Es sind Personen, die meinen, buchstäblich alles nach ihrem Willen hin pressen zu können. Sie sind zwar meistens fleißig, aber zu fanatisch rührig, und es ist nicht ohne Pointe, dass auch sie eher zu unmoralischen

Handlungen bereit sind (bloß um ihren Willen durchzuboxen), sowie eher undankbar für empfangenes Gutes sind (das sie als indirektes Verdienst ihrer eigenen Willensstärke deklarieren). Eine bei sich selbst diagnostizierte Willensgewalt verleitet also ebenfalls zu drastischem Fehlverhalten.

Einseitigkeiten sind stets durch Gegenmaßnahmen auszugleichen. Hat jemand eine zu geringe Meinung von seiner Willenskraft und unterwirft er sich demnach sämtlichen verlockenden Neigungen und an ihn heranbrandenden Fremdeinflüssen, so ist dieser Mechanismus dringend zu durchkreuzen. Er muss lernen und üben, sich auf seine eigenen Füße zu stellen, eigenverantwortliche Entscheidungen zu treffen und diesen auch Gültigkeit zu verleihen. Ist seine Ansicht über seine Willenskraft hingegen allzu rosig und versucht er demnach seine Ziele frenetisch durchzusetzen, ist auch dieses Gehabe zu überwinden. Er muss lernen und verstehen, dass vollendetes Gelingen Geschenkcharakter hat, und jede überspannte Intention just das Intendierte außer Reichweite bugsiert.

Die Studien geben sogar Antwort auf die Frage, was beide „Typen“ für einen solchen Gesinnungswandel benötigen, nämlich *eine gute Portion Versöhnung und Vertrauen.* Der eine muss darauf vertrauen, dass er selbst wollen und richtige Entscheidungen treffen kann. Und der andere muss darauf vertrauen, dass sich Dinge „irgendwie“ richtig fügen werden, die außerhalb seiner Macht liegen. Während der eine sich versöhnen muss mit der Last seiner Verantwortung, muss sich der andere mit dem überall waltenden Schicksal und der Tatsache versöhnen, dass sich vieles sowohl seinen Wünschen als auch seinen Möglichkeiten entzieht. Und natürlich mischt auch der *sinnvolle Verzicht* ordentlich mit: Sowohl der Verzicht, sich angesichts von sich abzuringenden Zielen vorschnell auf seine Willensschwäche zu berufen, als auch der Verzicht auf jegliches Erzwingen-Wollen von Zielerreichungen, die einem nun einmal nicht gewährt sind.

2. Zum Argument der fehlenden Zeit

Lebenszeit zählt zum Wertvollsten, das wir haben. Ein schlechtes Haushalten mit ihr ist noch tragischer, als wenn Geld unsinnig verschleudert wird. Denn Geld ist eventuell wieder beschaffbar; verlorene Zeit hingegen ist es nicht. Die Unwiederbringlichkeit unserer Tage verleiht deren Planung Gewicht. Was wir zu planen versäumen, sinkt mit uns ins Grab.

Wann aber muss man Zeit als vergeudet und verloren erachten? Das ist *relativ* je einzigartiger Person und einmaliger Situation. Es ist wie beim Schachspiel. Ein Zug ist dann ungünstig, wenn er – *abhängig von der Konstellation der Figuren am Brett* – dazu führt, dass eine Figur verloren geht. Auch sie kommt nicht mehr zurück.

Ich weiß noch, wie einer meiner Mittelschullehrer uns Kindern Relativität erklärt hat. Er sagte: Im Norden von Wien liegt Ernstbrunn. Im Süden von Wien liegt Traiskirchen. Will jemand von Traiskirchen nach Wien gelangen, muss er sich nordwärts halten. Will er von Ernstbrunn nach Wien fahren, muss er Straßen einschlagen, die nach Süden führen. Wenn ich also frage: „In welcher Richtung geht es nach Wien?“, dann ist diese Frage nicht pauschal zu beantworten. Denn die Richtung nach Wien ist *relativ* zum jeweiligen Standort der Person. Trotzdem kann die Richtung *nie beliebig* gewählt werden. Wer aus Traiskirchen kommt, kann Wien *nur* nordwärts erreichen, und wer aus Ernstbrunn abfährt, *nur* südwärts. In falscher Richtung verfehlt er Wien.

Genauso ist es mit der Verwendung der uns zur Verfügung stehenden Zeit. Ein pauschales Rezept gibt es nicht, aber Beliebigkeit in vertretbarem Sinne auch nicht. *In Relation* zu unserem jeweiligen gesundheitlichen Zustand und den jeweils zu erledigenden Aufgaben *gibt es immer nur eine optimale Verwendung.*

Eine sehr vernünftige Daumenregel für den heilsamen Umgang mit der Zeit lautet: „Wechsle arbeitsintensive Stunden mit meditativen

Stunden, pendle zwischen Hingabe und Erholung hin und her, schwinge dich ein in einen deinem Körper und deiner Seele adäquaten Rhythmus und überstrapaziere dich weder auf die eine noch auf die andere Weise."

Das ist heutzutage leichter gesagt als getan. Die Freizeitindustrie bombardiert Alt und Jung mit multimedialen Angeboten. Vieles, was die Werbung an uns heranträgt, ist Mist, und Mist stiehlt Zeit. (Wer Angst hat, dass eine Krankheit seine Zeit abkürzt, möge bedenken, dass die Beschäftigung mit Mist genau das Gleiche tut.) Die „Explosion des Wissens" nötigt jedermann eine bedachtsame Auswahl dessen ab, was er überhaupt wissen will und worauf er verzichten kann. Aber im Prozess des Verzichtens ist unsere Generation nicht geübt. Die Implementierung moderner Informationstechnologien hat zu einer Verwischung der Grenzen zwischen Arbeits- und Privatleben geführt. Und kaum jemand ist darin geschult, selbständig wieder Grenzen einzuziehen. Dies alles sind Erschwernisse auf dem Weg zu einer psychohygienisch bekömmlichen Tageseinteilung.

Zudem reduziert ein dicht gedrängtes Tagesprogramm die Vorbedingung für spontane Einfälle und unmittelbare Einsichten in komplizierte Zusammenhänge, wie sie nur auftreten im Zustand der Abschirmung von außen und des inneren Still-Werdens. Solange Oberflächliches nicht ausgefiltert wird, bleibt Essentielles verhüllt.

Ich wüsste ein ausgezeichnetes Gegenmittel: Man könnte täglich einen Spaziergang an der frischen Luft absolvieren. Dabei könnte man ohne Berieselung im Ohr, ohne klingelndes Smartphone in der Tasche und sonstige Ablenkungen die Gedanken einfach schweifen lassen und eine Weile „für sich sein". Das allein würde schon viele Verkrampfungen lösen. Leider ist auch Einfachheit kein Hit unserer Epoche. Selbst an Wochenenden sind die „grünen Lungen" rund um die Großstädte nahezu menschenleer. Freilich gibt es ein paar Ausnahmebeispiele aus der jüngeren Zeit. Mancherorts ist das Verlangen nach Stille und Bewegung in der Natur wieder gestiegen – ein Trend, der hoffentlich anhält.

Ungeachtet solcher aufs Ganze noch zaghaften Trends wuchern Unkonzentriertheit und Übererregbarkeit, wie sie der heutigen Jugend attestiert werden, auch unter vielen Erwachsenen, die im Multitasking herumzappeln und am Rande des Ausgebrannt-Seins dahin trudeln. Das ist mit Blick auf zu entstehende Vorschäden körperlicher und seelischer Art kein gutes Zeichen. Dem ist in den Anfängen zu wehren. Experimente belegen: Wenn unser Gehirn gezwungen wird, von einem Thema zum anderen zu springen, liefert es schlechte Arbeit. Es fragmentiert einlaufende Informationen und speichert sie in falschen Kontexten ab. Man bedenke daher: Ist etwas wertvoll genug, seine Zeit damit zu verbringen, dann ist es auch wertvoll genug für unsere uneingeschränkte und ausschließliche Aufmerksamkeit.

Konzentriert und besonnen ist man außerdem nur im *Status der Gegenwärtigkeit*, und das bedeutet, dass *Vergangenes und Zukünftiges in Ruheposition gestellt werden müssen*, damit man die Gegenwart ungestört auf ihre sinnvollsten Inhalte hin abtasten kann. Es bedeutet, dass Vergangenes liegen darf, wo es liegt, ohne mit Aversionen belegt zu sein, die einen ständig einholen; und dass Zukünftiges warten darf, bis es an die Reihe kommt, ohne besorgt vorweg gefürchtet zu werden.

Erneut erweist sich das Doppelgespann von Vertrauen und Versöhnung, garniert mit einem sinnvollen Verzicht, als idealer Wegweiser im Labyrinth divergierender und einander überlagernder Zeitplanungen. Konzentriert und besonnen lebt man sein Leben, wenn man bei voller Gegenwärtigkeit auf ein Gedränge in Gleichzeitigkeit verzichtet, das heißt, versöhnt ist mit dem, was man in seine Zeit nicht (mehr) hineinpacken kann – oder einst falsch hineingepackt hat –, und das Vertrauen hat, dass dennoch seine Zeit für dasjenige reichen wird, wofür man „vorgesehen“ ist, und was sich einem in den Utopien seines Herzens offenbart.

„Denn die Freiheit ist nicht nur abgeschüttelter Zwang“ (R. Messner)

Der bedachtsame Umgang mit der Zeit, die einem gewährt ist, ist ein Synonym für den bedachtsamen Umgang mit dem Ausmaß an Freiheit, welches einem gewährt ist.

Sehr klug hat dies der Extrembergsteiger Reinhold Messner ausgedrückt, als er in einer intensiven Warnung davor, „die Natur mit allen Mitteln brechen zu wollen“, schrieb: „Denn die Freiheit ist nicht nur abgeschüttelter Zwang, sie belastet mit eigener Verantwortung für Entscheidungen, die einmal getroffen sind … Alle Rekord-Hascherei baut auf die Grenzenlosigkeit der Möglichkeiten und das Optimieren von Ressourcen und Hilfen dabei. Jede Steigerung beim Abenteuer aber bleibt Illusion, wenn sie nicht auf Reduktion aufbaut.“[4]

Es ist interessant, dass just ein Mann, der wegen seiner zahlreichen Rekorde in der Bergsteigerbranche berühmt geworden ist, der Rekord-Hascherei eine klare Absage erteilt hat. Und warum? Weil sie auf einem falschen Denkansatz fußt. Weder sind unsere Möglichkeiten grenzenlos, noch kann man unsere Ressourcen bis zur Neige ausbeuten, und es wäre von Vorteil, wenn die Weltgemeinschaft dies beizeiten lernen würde, so Messners Appell im weiteren Verlauf seiner Argumentation. Jede Steigerung beim Abenteuer müsse auf Reduktion aufbauen. Was meinte er damit? Er präsentierte als einleuchtendes Beispiel seine Doppel-Beschreitung zweier Achttausender, nämlich von Gasherbrum II und I gemeinsam mit einem Kameraden: „Hans Kammerlander und mir gelang es, die beiden Gipfel im Rahmen einer einzigen Bergtour zu erreichen, ohne zwischendurch in

---

[4] Reinhold Messner, Diane Messner, „Sinnbilder“, S. Fischer Verlag, Frankfurt/Main, 2022, Seite 55

einem Lager ausruhen zu können. Es waren an die fünftausend Höhenmeter Aufstieg, ebenso viele im Abstieg, dazu fünfzehn Kilometer Kletterstrecke. Nur die maximale Reduktion von Ausrüstung und Proviant auf das Notwendigste machte es möglich. Auf zwei Rucksäcke verteilt hatten wir alles dabei, um zwei Wochen lang zu überleben – auf sechstausend bis achttausend Meter Meereshöhe, Damit war der Verzicht als Stilmittel etabliert. Wenigstens beim Bergsteigen. Jetzt gilt es, ihn ins alltägliche Leben einzuführen, als positiven Wert für die Zukunft der Menschheit."[5]

Der Verzicht als *positiver Wert für die Zukunft der Menschheit* – welch ein gewichtiges Wort! Prüfen wir: Ist es vielleicht übergewichtig? Kann man den Verzicht tatsächlich als Krisenmanager Nr. 1 für die gesamte Menschheit betrachten? Gibt es nicht Millionen von darbenden Menschen, die sowieso auf vieles, oft sogar auf das Nötigste verzichten müssen, weil sie unsäglich arm sind? Wie könnte der Verzicht einen positiven Wert für sie darstellen? Reinhold Messner erklärt es in seinem Beispiel so: Nur die maximale Reduktion von Ausrüstung und Proviant ermöglichte den beiden Männern die erwähnte exzellente Bergsteigerleistung. Was er nicht dazugesagt hat, was aber dazu zu bedenken ist, das war die exzellente Auswahl, die die Männer beim Packen ihrer Rucksäcke getroffen hatten. Denn nicht die *wenigen* Dinge allein, die sie mit sich führten, waren es, die ihnen halfen im unwirtlichen Gelände zu überleben, sondern vor allem die *wenigen richtigen* Dinge, die sie bei sich trugen. Das geringe Gewicht war nur *ein* Schutzfaktor beim Klettern und Gipfelstürmen. Ein mindestens ebensolcher Schutzfaktor war, dass trotz der minimalistischen Beschränkung dasjenige, was zwei Wochen lang ihr Leben sicherte, vorhanden war. Das bedeutet, dass ein Verzicht an und für sich genommen, für gelingende Aktionen noch nicht hinreicht, wenn

[5] Ibidem, Seite 54

er nicht gepaart wird mit einer Topauswahl der wenigen Elemente, auf die man *nicht* verzichten kann.

„Topauswahl" ist ein Stichwort für reich und arm gleichermaßen. Jeder hat auf seiner Erdwanderung einen imaginativen Rucksack geschultert, den er bergauf und bergab mit sich herumschleppt. Was füllt er hinein? Was behält er bei sich? Was sortiert er aus? Die Antworten auf diese Fragen werden über seinen Werdegang wesentlich mitentscheiden.

Wie viele Reiche packen neben überflüssigem Gold und Diamanten die Angst mit hinein, ihr Schatz könnte ihnen geraubt werden. Packen die Härte mit hinein, nichts von ihrem Schatz austeilen zu wollen. Packen sogar die Raffgier mit hinein, ihren Schatz noch vermehren zu wollen. Das Gewicht drückt sie in amoralischen Morast hinunter.

Wie viele Arme stopfen in ihren fast leeren Rucksack die Verzweiflung mit hinein, die sie zu Sinnwidrigkeiten verlockt. Gewalt anzuwenden, die auf sie selbst zurückfällt, oder Kinder zu zeugen, die sie nicht ernähren können. Hoffnungslosigkeit und Lethargie lassen in ihrem Gepäck kaum mehr Platz für den kreativen Unternehmungsgeist, der einzig Auswege öffnen könnte.

„Jede Steigerung beim Abenteuer bleibt Illusion, wenn sie nicht auf Reduktion aufbaut", hat Messner geschrieben. Ja, und nochmals ja! Den Reichen hängen die üblichen Abenteuer wie Partys, Flirt-Vergnügungen, Jet-Reisen oder Antiquitätensammlungen alsbald zum Hals heraus, aber das eigentliche Abenteuer bestünde in einer ganz anderen Art von „Stilmittel". Wie viel Konstruktives könnte aus ihrem Besitz ersprießen!

Ich kannte einen deutschen Chefmanager, der eine große Privatklinik sponserte. Das Spezialgebiet dieser Klinik war die chirurgische, dermatologische und psychotherapeutische Betreuung von Unfallopfern, die schwerste Brüche oder Verbrennungen erlitten hatten. Die Kosten dafür, die nicht von Krankenkassen abgedeckt wurden, übernahm die Klinik mittels dieser Sponsorengelder generös, weshalb immer häufiger Ausländer und Flüchtlinge eingeliefert wurden. Als die Klinik trotz ihres „Samaritertums“ florierte, beteiligte sich der Chefmanager finanziell an Brunnenbohrungen in afrikanischen Trockengebieten. Das geförderte und gereinigte Wasser wurde zum Lebensquell für die dort ansässigen Stämme und ihre Nutztiere, die wegen der anhaltenden Dürre am Verhungern und Verdursten waren.

Was hat dieser Chefmanager für sich behalten? Genügend Mittel für sich selbst, für die Klinik, für die Unterstützung eines erfolgversprechenden Entwicklungshilfe-Projekts, und dazu eine beachtliche Menge an Güte und Mitmenschlichkeit. Mehr brauchte er nicht auf seinem Weg, und sein „Rucksack“ war richtig gepackt.

Ein Gegenbeispiel war eine junge Bäuerin, mit der ich einst zu tun hatte. Sie wohnte mit ihrem Mann und ihren zwei Töchtern auf dem weitläufigen Gelände ihrer Herkunftsfamilie, auf dem auch die Familien ihrer Geschwister ihre Behausungen hatten. Täglich rieb es sich zwischen ihr und ihren alten Eltern, denen sie Dominanz und Kritiksucht vorwarf. Obwohl sie vom Eigentum ihrer Eltern profitierte, fühlte sie sich von Jugend an von ihnen benachteiligt und ungerecht behandelt. Täglich krachte es auch zwischen ihr und ihrer Schwägerin nebenan, die strengere Erziehungsansichten vertrat als die junge Frau. Die „atmosphärischen Störungen“, die zwischen gegenseitigen Beschimpfungen, einseitigen Zornausbrüchen, belastenden Schweigephasen und bösen Blicken schwankten und ständig an den Nerven aller Bewohner des Landguts zerrten, vergifteten zudem die Kinderzeit des heranwachsenden Nachwuchses. Der „Rucksack“ der jungen Bäuerin war überquellend vollgepackt mit Neid, Gier, Vorwürfen und Gehässigkeiten.

In unserem Gespräch plädierte ich für einen gesunden Wohnabstand zu ihrer Herkunftsfamilie, der es der Bäuerin erleichtern würde, eine großzügigere und versöhnliche Haltung ihren Eltern und Geschwistern gegenüber einzunehmen. Manchmal ist räumliche Distanz die Vorbedingung seelischer Distanz. Aber weit gefehlt! Die wirtschaftlichen Vorteile des gemeinsamen Hofes überwogen jeglichen Wunsch nach „Abnabelung“ und Selbständigkeit. Immerhin zahlten sie und ihr Mann keinerlei Miete, immerhin passten ihre Eltern nachmittags auf ihre Töchter auf, immerhin bezogen sie Unmengen an Obst und Gemüse aus dem gemeinsamen Anbau, usw. Klar, dass man mit solchem Gepäck am Rücken, in dem neben dem bleischweren Nachtragen irgendwelcher Verfehlungen der Angehörigen auch noch Abhängigkeit, Ausnutzung und Undankbarkeit hinein geschichtet sind, nur stolpernd vorankommt. Das Abenteuer eines beschwingten Starts in sie Freiheit vom „abgeschüttelten Zwang“, in die muntere Selbstgestaltung und bedachtsame Eigenverantwortung bleibt aus, wo die Bereitschaft zur Reduktion fehlt. Die Bäuerin krallte an jedem Stückchen Gewinn, den sie aus ihrer Herkunft ziehen konnte, fest und beschwerte sich weiterhin bitterlich über ihre (freiwillige) familiäre Anbindung.

Meines Erachtens sollte man bereits Schulkindern vermitteln, dass für einen hohen Wert ein angemessener „Preis“ zu entrichten ist, der jenen Wert eben wert ist. Will man Gutes tun, muss auf gewisse Annehmlichkeiten verzichtet werden, die man selbst genießen könnte. Will man häuslichen Frieden erhalten, muss mit Anklagen sparsam umgegangen und mancherlei Schwäche anderer toleriert werden. Reinhold Messner hat es uns vorexerziert: Will man Achttausender besteigen, muss man auf vieles verzichten, das man im unwirtlichen Felsgebiet beruhigenderweise gerne bei sich trüge. Unwirtlich ist unsere ganze globalisierte Welt geworden. Sie überschwemmt insbesondere die jungen sensiblen Gemüter pausenlos mit Schreckensnachrichten und Schreckensbotschaften. „Wir sind allesamt zu einem ratlosen Haufen“ degeneriert“, sagte kürzlich ein Politologe zu mir, der für seine Analysen der jeweiligen Zeittrends bekannt ist. Mag sein, dass er Recht hat. Doch wie schlimm ist das wirklich? Vielleicht ist Ratlosigkeit besser als die Überheblichkeit einer satten

Wohlstandsära. Löst doch Ratlosigkeit intensive Bewegungen einer *Ratsuche* aus. Und geht Ratsuche doch stets Hand in Hand mit einer *Sinnsuche* einher. Könnte es nicht sein, dass die ehrliche, aufrichtige und gemeinsame Sinnsuche das allerwichtigste Utensil in unserem Rucksack ist, das uns, wenn sämtlicher überflüssiger Ballast erst einmal abgeworfen worden ist, die menschliche Megaleistung ermöglicht, unsere Zivilisation zu retten?

Vielseitig desinteressiert? Das Gebräu von Not und Langeweile

Von Arthur Schopenhauer stammt das Bonmot, dass der Mensch ständig zwischen Not und Langeweile hin- und herpendle: Entweder hocke er in einer fürchterlichen Bredouille und entgleise seelisch-moralisch aus lauter Verzweiflung, oder er stagniere im Reichtum und Überfluss und entgleise seelisch-moralisch vor lauter Verwöhnung. Das ist krass formuliert. Aber wenn dem auch nur ansatzweise so ist, lässt sich spekulieren, was passiert, wenn *Not und Langeweile* zusammentreffen. Jede kriegerische Krise oder Wirtschaftsflaute mit Inflation und trüben Aussichten macht dies im großen Stil möglich. Betriebe schließen, Unternehmen gehen pleite, Handelsverbindungen reißen ab und Nahrung sichernde Fundamente werden brüchig. Die arbeitslos gewordenen Leute sitzen auf den Trümmern ihrer Hoffnungen und – langweilen sich. Das ist ein gefährliches Gebräu. Eine Legierung von Not und Langeweile ist die Brutstätte für kriminelle Versuchungen und brutale Konflikte schon wegen geringfügiger Lächerlichkeiten, sowie für chronische Melancholie, über den Griff zu Alkohol und Drogen bis hin zu latenten Suizid-Tendenzen.

Was gegen all dies wappnet, ist, wie Frankl nicht müde wurde zu betonen, *die Suche nach Sinn*. Unter dem Sinnaspekt wird Not zum Aufruf, die Fantasie einzuschalten und sämtliche Register zu ziehen, um Auswege freischaufeln. In jeder Notperiode gibt es Bedarf an Händen, die mit angreifen, an Hilfspersonal, das vor unbequemen Aufträgen nicht zurückweicht, an uneigennützigen Rettern und Samaritern. Entlohnt oder nicht – Dinge müssen getan werden, und sei es „ehrenamtlich“, Dinge werden gebraucht, und sei es „laienhaft gebastelt“.

Ich erinnere mich an den Vater einer meiner Schulfreundinnen im Jahr 1948. Er war promovierter Chemiker und einbeinig aus dem 2. Weltkrieg heimgekehrt. Damals brauchte man keine Chemiker, aber die Bauern brauchten Behälter für ihre Kartoffeln, um sie auf dem Markt zu verkaufen. Da setzte sich der Chemiker hin und flocht Weidenkörbe, wofür ihm die Bauern Brot und Eier für seine Familie gaben.

Es gehört zu den größten „Verrücktheiten“ unangemessener Reaktionsmuster, dass Menschen, die über sehr viel freie Zeit verfügen, damit beginnen, diese „tot zu schlagen“, statt ihrer Zeit Leben einzuhauchen. Insbesondere wenn sie vorher autoritäre Strukturvorgaben und Fremdanweisungen gewohnt waren, straucheln sie im Befehlsvakuum. Sie können zwar „endlich tun, was sie wollen“, haben aber keine Ahnung, *was* sie wollen. Man sollte meinen, dass sie an Eigenbefehlsgewalt und Selbstdisziplin zulegen, doch versinken sie auf dem Wege dahin oft in einer störrischen Apathie. Sie vernachlässigen sogar ihre Körperpflege und ihre Wohnungen; und die Scham darüber macht sie noch apathischer. José Ortega y Gasset hat dieses Phänomen folgendermaßen formuliert: „Wir sehen heute viele Menschen in ihrem eigenen Labyrinth verlorengehen, weil nichts da ist, was ihre Hingabe fordert.“

Die Erfahrung lehrt, dass einzig ein starker Sinnanruf sie aus dieser „Paralyse“ herausreißen kann. Und die Erfahrung lehrt ein Zweites: Kein Ruf wird so intensiv vernommen und innerlich aufgenommen wie ein Notruf aus der unmittelbaren Umgebung. Er wirft die geistigen Motoren der in Apathie Versunkenen wieder an. Wenn die Botschaft an sie durchdringt, dass sie für etwas Wichtiges unverzichtbar sind, dass ihr persönlicher Beitrag von Bedeutung ist, dass sie quasi „im Namen des Logos“ gebeten sind, sich ihrer Mitverantwortung für das Gemeinwohl nicht zu verschließen, sondern an der Eroberung einer menschenwürdigen Zukunft mitzuwirken, und sei es in Miniaturen, dann wachen sie aus ihrem seelischen Halbschlaf auf und ändern ihren Kurs.

Wer mithilft, Not zu lindern, windet sich sogleich aus seiner Langeweile heraus. Oder umgekehrt ausgedrückt: Unter dem Sinnaspekt wird Langeweile zum Appell, die Inhaltsleere der Passivität zugunsten eines Feuerwerks an fruchtbaren Aktivitäten auszutauschen und nicht danach zu fragen, ob dabei ein Profit herausschauen wird oder nicht. *Profite ergeben sich als unbeabsichtigte Nebeneffekte sinnvollen Handelns von selbst*, und bestünden sie bloß in der Etablierung einer seelisch-moralischen Balance, die auch bei Engpässen nicht kippt.

Noch ein klärendes Wort zum Akt der Sinnsuche: Sie hat sich auf *Vorfindliches* und nicht auf *Erfindliches* zu erstrecken. Der Mensch, von Beruf und Berufung her der Erfinder schlechthin, rümpft gerne die Nase über „bloß Vorfindliches“, das er nicht auf sein Konto buchen kann. Das verleitet ihn, seine Nase in Richtung Überheblichkeit zu hochzurecken und dementsprechend blutig auf sie zu fallen. Von der Flora und Fauna bis hin zu jeder einzelnen unserer Körperzellen finden wir die gesamte Lebensstruktur vor. Sogar in der vom Menschen erfundenen Mathematik finden wir logische Grundelemente (z. B.: 4 + 4 = 8) vor, die wir nicht nach Belieben anders erfinden, also um-erfinden können. Analog ist der Sinn *ein Schöpfungsgrundelement*, das sich unserer Beliebigkeit und Willkür entzieht. Was für eine bestimmte Person in einer bestimmten Situation sinnvoll ist, hat diese Person nicht zu erfinden, sondern in Respekt vor der Vorfindlichkeit aller Fundamente des Seins zu entdecken und auszuloten. Sie hat etwa nicht hochmütig zu erklären: „*Ich* halte es für sinnvoll, meiner leichtgläubigen Tante Geld abzuschwatzen“ oder „*Ich* halte es für sinnvoll, alle Vorsichtregeln in den Wind zu schlagen und trotz Lawinengefahr Schi zu fahren“, sondern sie hat sich dem Spruch des Sinns zu beugen, der da lautet: „*Es* ist nicht sinnvoll, deine Tante zu schädigen“ oder „*Es* ist nicht sinnvoll, dein Leben leichtsinnig zu riskieren.“

Dass sich Vorgefundenes und Erfundenes gegenseitig inspirieren, ist nicht zu leugnen. Seit jeher hat der Mensch für seine Erfindungen vorfindliches Material verwendet. Und seine Erfindungen haben wiederum neu vorzufindende Sinnmöglichkeiten eröffnet. Verzichten wir also darauf, uns als den „Macher von Sinn“ (wie der englische Ausdruck: „it makes sense“ fälschlicherweise suggeriert) zu gebärden! Bewahren wir unsere Demut vor dem Sinn, den wir uns nicht selbst zurecht schneidern können, wie er uns passt, sondern nur mit den Antennen unserer Geistigkeit empfangen können – von oben.

Was für einen solchen „Empfang“ unbedingt notwendig ist, ist, wie bereits früher angedeutet, ein gelegentliches Einhalten in meditativer Stille. Ohne sie verliert man den Kontakt zu seinem „Sinn-Organ“ (Frankl), seiner innersten Stimme, die extrem leise, aber von exquisiter Art ist. Man könnte sie traditionell unsere „Gewissensstimme“ nennen, doch schilt sie nicht und quält sie nicht, sondern berät uns wie ein treuer Freund. Sie rät von Unvorsichtigkeit genauso ab wie von Überempfindlichkeit. Sie warnt vor gierigen Verblendungen und mahnt zur Vernunft und Mäßigung. Und sollten wir uns einmal wie in einem Nebel verirrt haben bzw. auf der Stelle treten, dann sendet sie Signale aus, an denen wir uns wieder orientieren können. Wer auf sie achtet, ist gut unterwegs.

Mitten im lodernden Pulsieren der Großstädte und ihrer hektischen Betriebsamkeit wünschen sich viele Menschen heutzutage genau dies: ein wenig Ruhe und Einkehr. Trotzdem halten sie solche Pausen schlecht aus und werden nervös und kribbelig, sobald sie nur kurz von ihren medialen Verknüpfungen und ihrer sozialen Erreichbarkeit abgenabelt sind. Jugendliche z. B. werden total fiebrig und „aufgedreht“, wenn sie mit geschlossenen Augen und ohne jegliches technische Beiwerk einfach nur eine Weile auf einem Holzbänkchen sitzen sollen. Dem modernen Mainstream sind die Gaben der Stille unbekannt. Dabei geht es im Still-Werden keineswegs um ein stumpfes Leerwerden bzw. ein „vielseitiges Desinteresse“, wie es ein Zyniker einmal ausgedrückt hat, sondern darum, die zarten Weisungen des eigenen zentralen Gespürs zu vernehmen. Zu sich selbst zurückzufinden … und zu dem, was mystisch durch das Selbst hindurch klingt …

Was auch geschehen mag – Personen, die im innersten Kontakt mit ihrer eigenen Gewissensstimme verbleiben, werden nie ohne Geleit dastehen.

Vom „Mir geht es gut“ zum „Ich bin für etwas gut“

Es ist sowohl psychologisch als auch philosophisch eine brennende Frage, *wann es einem Menschen nachhaltig gut geht.* Viele Denker haben sich seit Jahrtausenden den Kopf darüber zerbrochen und Theorien dazu gewälzt. Dass der eigene Besitz nur unter gewissen Prämissen zum persönlichen Gutgehen beiträgt, ist längst erwiesen. Reichtum, der nicht sinnvoll eingesetzt wird, macht innerlich arm. Mit angenehmen Gefühlen ist es vielschichtiger. Sie sind durchaus wünschenswert. Und doch verunglücken Menschen, die sich von dem Motto „Hauptsache, es geht mir jetzt gut“ leiten lassen. Das „jetzt“ geht vorüber, das „Gutgehen“ auch, und das „mir“ bleibt ungeerdet übrig.

Vieles spricht dafür, dass einzig eine Ausrichtung nach Sinn und Werten das eigene Gutgehen vor dem raschen Verwehen bergen kann. Die positive Nachricht ist, dass sogar die Umkehrung stimmt.

Innere Hemmnisse wie Zögerlichkeit, Lustlosigkeit, nagendes Verlangen und ähnliches sind zu überspringen, wenn etwas auf dem Spiel steht, das wichtiger ist als ein angenehmes Gefühl. Es ist fast unglaublich, aber just wenn auf das Gutgehen um eines zu erfüllenden Sinnes willen verzichtet wird, stellt es sich häufig unerwartet und nicht angepeilt ein.

Dass dies selbst bei Kindern funktioniert, möchte ich anhand einer kleinen Episode exemplifizieren.

Als unser Sohn Walter ca. fünf Jahre alt war, unternahmen wir eines Sonntags einen Ausflug in die Voralpen. Mein Mann, Walter und ich wanderten durch Wälder und Fluren und waren spätnachmittags redlich müde. Leider versäumten wir beim Rückweg den Autobus. Folglich mussten wir noch weitere Kilometer bis zur nächsten Bahnstation „latschen". Allmählich wurde es ungemütlich. Es begann zu regnen und Walter wurde knatschig. Er weigerte sich zu laufen und wollte getragen werden, wofür er aber schon zu schwer war.

Da hatte ich eine Idee. Ich zeigte auf die Schnecken, die im Regen hervorgekrochen kamen, und sagte zu ihm: „Schau, wie sich die hübschen Schnecken-Fräulein freuen! Für sie ist der Regen eine köstliche Dusche, unter der sie sich erfrischen können. Dabei vergessen sie aber leider jede Vorsicht und wagen sich auf die Spazierwege hinaus. Dort sind sie in der Gefahr, dass Wanderer wie wir, die schnell dahin hasten, sie übersehen und zertreten. Da du klein bist und dich nicht so tief bücken musst wie wir Erwachsenen, könntest du vielleicht ein bisschen des Weges vorauslaufen und die Schnecken, die dort sitzen, aufheben und ins Gras zurücksetzen. Dann würde ihnen kein Leid geschehen, und sie könnten ihre Schönheitspflege fortsetzen!"

Walters Herz öffnete sich. Nein, die hübschen Schnecken-Fräulein sollten nicht elend zerquetscht werden! Er eilte von dannen und – ach, wir staunten! Er absolvierte den restlichen Weg zur Bahnstation mindestens dreimal im Hin und Herlaufen, so sorgfältig kämmte er ihn auf Schnecken durch, und dies ohne das geringste Murren eines Aufbegehrens. *Es ging ihm gut*. Klitschnass, erschöpft, mit schleimigen Fingern, aber strahlend bestieg er schließlich den Zug: Er war „der Retter der Schnecken", er war froh gelaunt.

Das bedeutet, dass man sein Wollen und Handeln nicht nach dem eigenen höchstmöglichen Lebensglück allein rechtfertigen sollte. Erst wenn man sich zärtlich der Welt zuwendet, erst in einem sich selbst überschreitenden Akt der Zuwendung zu einem „Nicht-Ichhaften", ist uns Gutgehen verheißen. Das bedeutet aber auch, dass uns im Extremfall, wenn es uns ausgesprochen miserabel geht und uns Äonen von jeglichem Gutgehen trennen, *eine Sinn-Intention noch eine letzte Zuflucht offeriert.* Wer um ein Warum seines Überlebens (bitterer Nöte, Verluste, Enttäuschungen etc.) weiß, hält auch noch das Wie (eines resilienten Durchstehens der aktuellen Misere) aus.

Die empirische Sinnforschung mit ihren zahlreichen Studien (u. A. von Alexander Batthyány) hat den engen Konnex zwischen einem sinnerfüllten Leben und persönlichem Gutgehen verifiziert. In einer langen Skala von Korrelationen hat sich schwarz auf weiß bestätigt[6], was Frankl Jahrzehnte zuvor intuitiv vorweggenommen hat. Einiges davon sei in aller Kürze aufgelistet:

Menschen, die ein sinnerfülltes Leben führen,

- haben weniger psychische Probleme als andere,
- sind seltener ängstlich und depressiv als andere,
- leiden weniger unter posttraumatischen Belastungsstörungen als andere,

---

[6] Vgl. dazu auch: Tatjana Schnell in „Psychologie des Lebenssinns", Springer, Berlin – Heidelberg, 2016

- berichten weniger über Beeinträchtigungen ihrer körperlichen Funktionstüchtigkeit als andere,
- erkranken selten an Alzheimer-Demenz, und wenn, dann verläuft ihre Erkrankung moderat,
- sind aufgeschlossen für Gesundheitsvorsorge,
- sind motiviert zu gesundheitsförderlichem Verhalten,
- akzeptieren notwendige Anstrengungen und Einschränkungen,
- können Stress gut abfedern,
- verfügen über hohe „neuronale Reserven“ im Alter,
- können destruktive Folgen von Schicksalsschlägen kompensieren,
- berichten oft über Wohlbefinden und positive Lebensqualität,
- neigen weniger zu Suchtphänomenen als andere,
- ziehen sich bei Krebserkrankungen nicht von sozialen Kontakten zurück,
- sind zugunsten sinnvoller Tätigkeiten auch bereit, niedrige Positionen oder niedriges Gehalt in Kauf zu nehmen,
- zeigen kaum Verzweiflung gegen Lebensende und haben selten den Wunsch nach Sterbehilfe,
- erleben ihre Existenz als bedeutsam und glauben an die Wirksamkeit ihres Handelns und ihrer Entscheidungen,
- empfinden ihre verschiedenen Lebensbereiche als kohärent (schlüssig) und nicht einander im Wege stehend,
- fühlen sich zugehörig zu Familie, Freunden, Volk, Religion etc. und nicht entfremdet oder als Außenseiter,

- fühlen sich mitverantwortlich für das Wohl von Gruppen und wissen, dass sie gebraucht werden,
- sind wenig wankelmütig und werden von keinen Dauerzweifeln befallen,
- behalten auch in schwierigen Situationen ihre Grundausrichtung bei und verfolgen geradlinig ihre Ziele.

Obwohl das psychometrische Inventar der Psychologie den Bezug zu einem transsubjektiven Sinn nicht hinreichend erfassen kann, sind die genannten Ergebnisse doch überaus beeindruckend. Sie untermauern die alte Weisheit, dass es im Grunde *nicht auf einen Stressfaktor ankommt, und sei er noch so grässlich*, sondern allein darauf, wie man ihn interpretiert, ob man jenseits von ihm (und mitunter sogar in ihm) eine Sinnstiftung erkennen kann, und ob man sich resolut und unbeirrt auf solch Sinnstiftendes hin orientiert.

Mit einem „tragischen Optimismus“ wider die Schwarzseherei

In der obigen Aufstellung sind mehrere psychophysische Zusammenhänge angeklungen. Was solche in einem ernsthaften Krankheitsfall betrifft, so sind Physis und Psyche allerdings nicht notwendigerweise gleichermaßen an ihm beteiligt. Viele Krankheiten sind hauptsächlich körperlich verursacht („somatogen“), und die Psyche erbebt lediglich mit. Manche Krankheiten sind vorwiegend psychisch bedingt („psychogen“) und wirken sich nur tangierend auf das Organische aus. Aber was auch immer dominiert, stets gibt es die „Zutat“ der geistigen Person. Denn ihr ist mit dem Kranksein etwas Schwerwiegendes aufgebürdet, und sie muss es tragen.

In gläubigen Kreisen habe ich öfters den Satz gehört, dass einem nicht mehr aufgebürdet wird, als man tragen kann. Das ist ein ehrfürchtiges Credo, das ich nicht zu kommentieren wage. Eines jedoch kann ich mit Sicherheit aussagen: Der Mensch vermag – insbesondere unter dem Sinnaspekt – geistig ins Tragen-Können hinein zu reifen. Und wird seine Bürde dann irgendwann leichter, oder empfindet er sie als leichter, so reift er nicht mehr zurück – er hat an Tragekraft gewonnen. Er ist vielleicht nicht genesen, aber er ist mitsamt seiner Bürde innerlich gewachsen.

Das Einzige, das solches Wachstum abwürgt, ist *Schwarzseherei.* Vielleicht ist Leserinnen und Lesern aufgefallen, wie oft in Fachschriften, Radiosendungen etc. Ängste und Depressionen im selben Atemzug genannt werden. Dabei besteht zwischen beiden Störungsformen ein erheblicher Unterschied. Pathologische Ängste regen fürchterlich auf, erhöhen die seelische Spannung auf ein unerträgliches Maß. Der von ihnen Besessene befindet sich permanent in Sprungpose zur Flucht vor irgendwelchen anvisierten Ungeheuerlichkeiten. Depressionen hingegen unterhöhlen jegliche Agilität. Im depressiven Modus sinkt die vitale Spannung ab, und es breitet sich eine lähmende Lethargie aus, die selbst die kleinsten „Sprünge" untergräbt, egal, wohin.

Eine Gemeinsamkeit allerdings verbindet die beiden Störungsformen, und das ist eben *die Schwarzseherei.* In beiden Fällen wird der Zukunft vorwegnehmend jedweder Lichtfunke ausgeblasen. Nicht umsonst hat der Seelenarzt Frankl dem gegenüber einen „tragischen Optimismus" eingefordert. Und einem solchen kommt, wie mir scheint, das oben genannte Credo sehr nahe.

Der „tragische Optimismus" ist ein bewusster Verzicht auf jegliche Schwarzseherei. Er übersieht das Abgründige und Grausame in der Welt nicht, er färbt Schwarzes nicht um, aber er konserviert und behütet die Chance des Menschen, Helleres in sich selbst zu generieren und aus sich selbst auszustrahlen.

Längst ist bekannt, dass die Gestimmtheit und psychische Befindlichkeit einer Person nicht einfach die subjektive Spiegelung stattgehabter Ereignisse ist. Sie spiegelt viel eher die Ideen, die unserem Welt- und Menschenbild zugrunde liegen. Und diese werden oft unbewusst von irgendwo oder irgendwem übernommen und nicht mehr auf ihre Wirklichkeitsnähe geprüft. Würden sie überprüft, könnten sie sich als fragil herausstellen. Häufig stecken schiere Missverständnisse dahinter oder auch Feedback-Schleifen. Ist zum Beispiel jemand voller Misstrauen, dann reagieren seine Mitmenschen irritiert und ablehnend, und dies schürt wiederum sein Misstrauen. Oder fühlt sich jemand schnell angegriffen und begibt er sich andauernd in Verteidigungsstellung, dann wirft man ihm dies vor, und er fühlt sich erneut angegriffen. Die Attraktivität eines Menschen liegt in der „Atmosphäre", die er verbreitet (mehr als in seinem Outfit), und diese Atmosphäre hat mit seinen fundamentalen Sichtweisen zu tun.

Freilich entzieht sich die Grundstimmung dem direkten menschlichen Willen, zumindest in Vorläufigkeit. Man kann nicht eine düstere Stimmung per Knopfdruck in eine rosige umpolen. Aber man kann ihr Raum gewähren oder sie sukzessiv beschneiden. Die Überlegung lautet: Was lässt man in sich gedeihen, was dämpft man und drängt es dadurch zurück? Womit identifiziert man sich und wovon distanziert man sich? Geistig kann man allerlei Einfluss nehmen auf sein Seelenleben.

Zu den großen Verdiensten Frankls zählt, dass er in seiner „Dimensionalontologie" die Geistigkeit des Menschen hervorgehoben und zu Studienzwecken aus der Verbrämung mit psychophysischen Determinanten extrahiert hat. Demnach müssen wir uns von dem primitiven Drei-Schichten-Modell „Leib-Seele-Geist" lösen und zu verstehen versuchen, dass es mit unserer Geist-Begabung eine spezielle Bewandtnis hat. Zwar ist der Mensch trotz seiner verschiedenen Seinsdimensionen Einheit und Ganzheit, aber innerhalb dieser Einheit und Ganzheit setzt sich das Geistige mit dem Leib-Seelischen auseinander. In schlichten Worten: Alles „Umgehen mit“, alles „Entscheiden darüber“, alles „Sich gefallen lassen oder nicht“, alles „Einfluss nehmen oder nicht“, kurz, alle Selbst- und Weltgestaltung ist unserer Geistigkeit geschuldet. Wobei mit Geistigkeit hier unser „Sein als Person“ gemeint ist und nicht etwa irgendein „Werkzeug der Person“ wie Intelligenz oder Verstand. Wer ist es denn, der seine Intelligenz gebraucht (oder auch nicht?) Wer ist es, der seinen Verstand benützt (oder auch nicht)? Wer ist es, der seine Gefühle kontrolliert (oder auch nicht)? Wer ist es, der seine Sichtweisen revidiert (oder auch nicht)? Wer ist es etwa, der sein Misstrauen bremst (oder auch nicht)? Wer ist es etwa, der seine These, ständig angegriffen zu werden, verwirft (oder auch nicht)? *Die geistige Person ist es, die all diese Schalthebel betätigt.*

Die geistige Person ist es auch, die der Schwarzseherei freien Lauf lässt und sich dabei auf die sichtlichen Übel ringsum beruft, oder die sich dennoch zu einem „tragischen Optimismus“ hin trimmt im Wissen und Glauben und Hoffen, wenigsten eines dieser Übel eine Spur abmildern und abfedern zu können – aus eigener Kraft und eigenem Bestreben. Der Lohn für einen solchen Verzicht auf Schwarzseherei ist jedenfalls *nicht* übel. Es werden sich damit zwar nicht sämtliche Ängste und Depressionen aus den Untergefilden der Seele verbannen lassen, doch das Gros davon wird ziemlich schadlos verpuffen.

Plötzlich arbeitslos – und die Kunst, trotzdem nicht abzurutschen

Greifen wir als Beispiel noch einmal den Verlust des Arbeitsplatzes auf. Zweifellos hat der Beruf eine existentielle Bedeutung, und ihn zu verlieren, ist ein harter Brocken. Ein Brocken, mit dem sich der

Betroffene als „geistige Person“ auseinandersetzen muss. Welche Schalthebel wird sie betätigen?

In vielen Umfragen hat sich erwiesen, dass keineswegs jeder in eine sogenannte „Arbeitslosigkeitsneurose“ (Frankl) hineinschlittert, also in Gleichgültigkeit, Pessimismus, Trunksucht etc. versinkt. Ein erfreulicher Prozentsatz an arbeitslosen Frauen und Männern nehmen diesem sozialen Schicksal den Stachel, indem sie sich um alternative Beschäftigungen bemühen.

Als etwa im Frühsommer 2020 Erdbeeren, Spargel und sonstige Gemüsearten auf den Feldern Österreichs reiften, fehlte eine Menge ausländischer Erntehelfer, die wegen der damals auf Grund der Epidemie geschlossenen Grenzen nicht einreisen durften. Da krempelten Hunderte arbeitslose Leute ihre Ärmel hoch und meldeten sich zum Dienst, damit die Früchte nicht verdarben.

Als ungefähr zur selben Zeit in Kranken- und Pflegeanstalten ein extremer Personalnotstand herrschte, meldeten sich in Österreich Hunderte ehemaliger Zivildienstleistender, die Erfahrungen mit Heimbewohnern und gerade keinen Job hatten, freiwillig zur Unterstützung. Hut ab vor all diesen Menschen!

Merken wir uns: *Es ist mehr Freiheit da, als uns seelisch geliefert wird.* Arbeitslose, die sich fit halten und jede Gelegenheit wahrnehmen, sich irgendwo nützlich mit einzubringen oder sich weiterzubilden, haben die wesentlich bessere Chance, wieder eine regelmäßige Arbeit zu finden, als solche, die sich gehen lassen und einem Provisorium verfallen.

Wissenschaftliche Untersuchungen zeigen: Immer dann, wenn einem die Zukunft ziemlich ungewiss erscheint, ist man zu einem *provisorischen Lebensstil* geneigt. Wozu soll man sich anstrengen oder etwas unternehmen, wenn vielleicht sowieso alles kaputt geht? In meiner Kindheit war es die Angst vor einem Atombombenkrieg, der alles Leben auf Erden auslöschen könnte, die manche Menschen in ihren

Initiativen lähmte. Als die Jahre vergingen, rückte diese Zukunftsangst in den Hintergrund. Aber paradoxerweise erzeugte der spätere Wohlstand ähnlich provisorische Lebenshaltungen. Wozu sich anstrengen, wenn sowieso alles glatt läuft? Heute feiert die Angst vor einer atomaren Konflikteskalation Renaissance, und die klimatischen Eskapaden nähren diese zusätzlich. Wiederum fragen sich viele Leute, wozu sie sich überhaupt noch abrackern sollen. Im Provisorium wird phlegmatisch gewartet, weil Schlechtes erwartet wird, und zwar von etwas oder jemandem von außen. Das heißt, es wird nichts oder zu wenig *von sich selbst erwartet.* Man unterfordert sich und überfordert den Rest der Welt!

Typisch pathogene Kombinationen sind 1. dieses Warten und hauptsächlich Schlechtes erwarten, aber auch 2. Warten und ständig zu viel erwarten. Beide Muster enthüllen in Übersetzung die Grundeinstellung: „Die Welt soll meine Wünsche und Hoffnungen erfüllen. Und wenn sie es nicht tut, ist sie böse, und ich habe ein Recht darauf, mich ihr zu verweigern." Ein Missverständnis, wie es gravierender nicht sein könnte.

In Debakel-Situationen wie beim Beispiel des Arbeitsplatzverlustes ist es hilfreich, soviel Objektivität zu bewahren, als man nur schafft. Wovon man platt gedrückt ist, das kann man nicht steuern. Also zuallererst: Man hat einen Arbeitsplatz *gehabt* – prima! Man hat sich diesbezügliche Kenntnisse und Übung angeeignet – auch prima! Danach kurz und ehrlich prüfen: Hat man das Debakel selbst verschuldet? Wenn ja, daraus fürs nächste Mal lernen! Fehler sind ein großartiger Wachstumsschub. Wenn nein, ist es noch besser. Die Selbstzufriedenheit braucht nicht zu leiden. Übrigens: Man ist eine wertvolle Person, mit oder ohne Arbeit, und auch das ist super! Jetzt also seelisch fertig werden mit dem Debakel. Und wie? Das wissen wir längst: mittels sinnvollem Handeln, einem konsequenten Verzicht auf Jammern und nicht zuletzt einer versöhnlichen und vertrauensvollen Haltung.

Die optimale Prophylaxe gegen jegliches Abrutschen besteht in einem dynamisch-elastischen Lebensstil, der, wie Frankl sagen würde, zwischen *dem, was ist*, und *dem, was sein soll*, vibriert – das Seiende versöhnlich akzeptierend und das Gesollte vertrauensvoll anpeilend. Das Sein ist quasi der Output unserer bisherigen Vergangenheit. Das Soll ist der bestmögliche Input unserer Zukunft. Versöhnung mit der Vergangenheit und Vertrauen in die Zukunft sind wie zwei starke Pfeiler, zwischen denen die „Hängematte" der Gegenwart aufgespannt ist, in der man zwar hin und her schaukelt, aber nicht sogleich herauspurzelt. Nur wenn ein Pfeiler einknickt und die „Hängematte" in Schieflage gerät, wird es brenzlig.

Und wenn man zu viel Zeit hat, weil man alt, einsam und allein ist?

Frankl hat einmal gesagt, dass der aus irgendeinem Grunde verunsicherte Mensch des Haltes am Geistigen ganz besonders bedarf. Wohlgemerkt: des Haltes am *Geistigen* und nicht am *Materiellen*. Wir können die vergangene Pandemie diesbezüglich als ein lehrreiches Exempel interpretieren. Als alles öffentliche Leben wochenlang auf ein Minimum heruntergeschraubt war, kauerten die Menschen in ihren Behausungen, umgeben von all ihrer Habe, und erfuhren am eigenen Leib (und in der eigenen Seele), dass einem – wenn es darauf ankommt – auch die teuersten Dinge wenig nützen. Was dagegen stets hilfreich war und ist, das ist der zwischenmenschliche Austausch. Doch können die künstlichen „Live-Schaltungen" das echte „Live" nicht komplett ersetzen. Es ist zwar ein wahrer Segen, dass man heutzutage im Notfall einander wenigstens virtuell treffen und miteinander plaudern kann, aber trotzdem bleibt ein Rest an Verfremdung bestehen. Je weniger „wirklich" der andere da ist, desto

„wirklicher" fühlt sich die eigene Einsamkeit an. Was dann noch zählt, ist jener Halt am Geistigen, den Frankl hervorhob.

Gemeinsamkeiten spielen eine starke Rolle. Auch in den am stärksten von der Pandemie betroffenen Gebieten waren Familien beisammen und teils auf engen Raum zusammengepfercht. Dass dies in so manches Drama eingemündet hat, sei unbestritten, doch möchte ich hier den Gegenpol beleuchten, nämlich die Lage der alleinstehenden, vorwiegend älteren Personen, die laut Medienberichten damals extrem unter jedweder verordneten Abschottung zu leiden hatten.

Nun, das problemlose Allein-leben-Können sollte auch ohne gravierenden Anlass irgendwann im Zuge des eigenen Reifungsprozesses erlernt werden. Es ist geradezu ein Kriterium seelischer Stabilität. Die Eheberater meinen sogar, dass diejenigen, die nicht gut allein leben können, auch nicht gut zu zweit leben können. Weil sie nämlich dann den Partner oder die Partnerin gleichsam wie einen Krückstock gebrauchen, um nicht umzufallen. Das drückt diesen Partnern zu viel Last auf. Dass einer den anderen im Fall eines Leidens stützt, ist natürlich goldrichtig, nur darf eine solche Hilfsbereitschaft nie zu selbstsüchtigen Zwecken ausgenützt werden.

Spätestens im Alter verdünnen sich die mitmenschlichen Beziehungen. Wer aus dem Beruf ausscheidet, verliert die Kontakte mit seinen Arbeitskollegen. Wer erwachsene Kinder hat, muss sie ziehen lassen. Wer geschieden oder verwitwet ist, muss weitere Abschiede leisten. Die Zahl der Freunde und Bekannten, die noch bei Gesundheit sind, reduziert sich genauso wie die eigene Mobilität. Das alles ist normal. Doch wenn eine Epidemie aufflammt, sind Senioren und Seniorinnen oder kränkliche Personen meist die Risikogruppe, die von der Infektionskrankheit am raschesten hinweggerafft wird. Gleichzeitig sind sie die Personengruppe, die am meisten auf Anregungen und Animationen von außen angewiesen ist. In dieser Kombination trifft sie das Schicksal mit voller Wucht. Auf sich zurückgeworfen haben sie das Rätsel zu lösen, wie sie sich in ihren vier Wänden unbeschadet bei Laune halten können.

Fragen wir jetzt nach den Möglichkeiten eines Haltes am Geistigen. Geistiges hat stets mit Wertbezügen zu tun. Mit inniger Liebe zu etwas oder zu jemandem in ihrem nobelsten und selbstvergessenen Sinne. Mit jener Liebe, die Kräfte zufließen statt schwinden lässt, und dazu instand setzt, Krisen souverän zu handhaben, bei Verführungen standhaft zu bleiben und bejahte Opfer zu erbringen, wo solche erforderlich sind. Ein schönes Wort besagt: *Die Werte, an die wir uns halten, die halten uns.* Was könnten also z. B. Wertbezüge für betagte Menschen sein?

Fast alle haben Kinder, Enkelkinder, Nichten, Neffen, Cousinen oder Cousins. Vielleicht weit entfernt wohnend, vielleicht seit langem nicht gesehen. Dennoch: es gibt sie. Statt sie und ihre Zuwendung herbeizusehnen, könnten die einsamen Alten ihnen gedanklich ihre innigsten Wünsche zuschicken. Sie könnten sich zu der Ansicht durchringen, dass es völlig in Ordnung ist, wenn die Jungen *sich intensiv um ihre eigenen Angelegenheiten kümmern.* Was uns an der Natur grausam dünkt, ist oft weise: Das Alte und Schwache wird als erstes aussortiert, das Junge und Starke soll überleben. Okay, wer sein Einverständnis zu „Youth first" gibt, hat schon an innerer Festigkeit gewonnen.

Der nächste Schritt wäre, *sich ebenfalls um die eigenen Angelegenheiten zu bemühen* – nicht im egoistischen Sinne, sondern um seinen Nächsten keine Bürde zu sein. Im besten Falle sogar, um ein beachtliches Vorbild für andere zu liefern. Malen wir uns das Bild von alleinstehenden Personen aus, die ihren Tagesablauf geschickt einteilen und jede Kleinigkeit genießen. Die Gymnastik betreiben und fröhlich um ihren Esstisch herumtänzeln, ausgewählten Musikprogrammen andächtig lauschen, interessiert Anteil am Weltgeschehen nehmen, spannende Romane lesen, Kochrezepte ausprobieren, hübsch dekorierte Briefe versenden, ihre Memoiren verfassen, sich online weiterbilden, ihr Gedächtnis trainieren und zwischendurch am Balkon in der Sonne baden … *das* wäre der optimale „Liebesdienst" an den Jungen und würde ihnen mächtig imponieren. Es würde ihnen ein (fälschlich) schlechtes Gewissen ersparen und das Zittern vor dem eigenen Altwerden ersparen. Es würde ihnen demonstrieren, dass Leben sogar unter prekären Umständen noch glücken kann, und sei es im stillen Kämmerlein. Welch ein glorreiches Vermächtnis an die nächste Generation!

Gerade wenn man nur mehr wenig Zeit vor sich hat, wie es im Alter der Fall ist (Zeit, die noch dazu nach subjektivem Empfinden immer schneller verfliegt), soll man *wählerisch* sein bei der Bestimmung, wofür man sie verwendet. Dafür besitzt man im Alter mehr Zeitsouveränität als in früheren Jahren, in denen man einer gewissen Fremdbestimmtheit nicht entrinnen hat können. Vom Philosophen Otfried Höffe stammt der Ratschlag, mit vorrückendem Alter die „vier L" zu kultivieren, als da sind: Laufen, Lernen, Lieben und Lachen. Seiner Meinung nach arbeiten diese „vier L" der Altersschwäche entgegen, und ich teile seine Meinung. Wobei ich als „fünftes L" noch das Lesen anfügen möchte. Und zwar nicht nur das Lesen von Zeitungen und Magazinen, bei denen zwischen „fake and fiction news" und bedeutsamen Nachrichten manchmal schwer zu unterscheiden ist, sondern auch von literarisch anspruchsvollen Texten, die Mitdenken und Konzentration erfordern.

Fazit: *Die höchste Lebenskunst des alten Menschen besteht darin, sich und andere nicht zu langweilen.* Sich nicht, indem er sich selbst noch Miniaufgaben stellt, die seiner Konstitution entsprechen, und diese Vorhaben konsequent ausführt. Und andere nicht, indem er nicht erwartet, dass sie ihn unterhalten oder ihm bei seinen ständigen Wiederholungen alter Storys unermüdlich zuhören, sondern sie liebevoll frei gibt für ihre eigenen Angelegenheiten und wirklich nur dort bemüht, wo ihre Hilfe unbedingt nötig ist.

Ein niedriges Selbstwertgefühl und seine kommunikativen Folgen

Fassen wir zusammen, welche Anlässe für sinnvolle Verzichte wir bislang eingesammelt haben.

Da war der Verzicht auf zu viel Klagen, Kritisieren, Dramatisieren, Schwarzseherei und alles, was Schweres noch schwerer macht.

Da war der strikte Verzicht auf aggressive Gefühlsausbrüche in Hörigkeit des Mandelkerns, der sich um keine Moral schert. Man könnte ähnlich neuronal- und hormongesteuerte Affekte dazu addieren, denen die Person mit Hilfe ihrer Frontalhirnkontrollstation zu widerstehen trainieren kann. Zum Beispiel pädophile und brutale Tendenzen, denen entschlossen ein Riegel vorzuschieben ist. „Man muss sich von sich selbst nicht alles gefallen lassen", wie es Frankl kategorisch ausgedrückt hat.

Des Weiteren ging es um den Verzicht auf Überfrachtung oder Verschleuderung von Zeit und anderen Kostbarkeiten, und um die Achtsamkeit und Sorgsamkeit im Umgang mit diesen.

Etliche Verzicht-Strategien rankten sich ferner um die zwischenmenschliche Kommunikation, etwa der Verzicht auf simple Retourkutschen bei empfangenen Lieblosigkeiten oder der Verzicht auf sture Rechthaberei bei Dissonanzen. Und der große Verzicht darauf, andere zu selbstsüchtigen Zwecken herbeiordern zu wollen. Weil das Kapitel „Kommunikation" für unsere Lebensqualität von höchster Bedeutung ist, seien ein paar instruktive Ergänzungen angefügt.

Zunächst dies: Es ist ein Merkmal psychischer Stabilität und Gesundheit, wenn jemand offen und sensibel mit seiner Mitwelt kommuniziert. Dafür muss er in sich selbst gefestigt und frei von sozialen Befürchtungen sein. Nur wer eine gewisse innere Unabhängigkeit von Lob und Tadel, Belohnung und Bestrafung durch andere Menschen besitzt, ist in der Lage, aufrecht durchs Leben zu gehen, sich äußeren Druckversuchen nicht zu beugen, sein eigenes Leistungsvolumen zu bestimmen, und niemanden „klein reden" zu müssen, um selber „groß zu erscheinen".

Der Weg zur inneren Freiheit ist allerdings weit. Er wird von den Eltern geebnet, wenn sie in der Erziehung zwischen der Person des Kindes und dessen Verhalten deutlich differenzieren. Damit ist gemeint, dass sie ein falsches Verhalten ihres Kindes zwar ablehnen und – in Maßen – rügen dürfen, aber nie den Eindruck erwecken sollten, dass sie *ihr Kind selbst* ablehnen. Bei kindlichen Fehlgriffen gilt es die Doppelbotschaft zu vermitteln: „Wir mögen dich – bedingungslos! Aber wir mögen dieses oder jenes Negativverhalten von dir nicht." Kinder, die sich ohne Wenn und Aber geliebt wissen, haben es leichter, in die innere Freiheit hineinzuwachsen.

Wenn Kinder älter werden, entwickeln sie sich zur „bewertenden und bewerteten Instanz in einem", das heißt, sie können allmählich ihr eigenes Verhalten selbständig beurteilen. Und wiederum wird die Trennung zwischen einem Vergehen, das ihnen unterlaufen ist, und der eigenen Person wichtig. Können sie nunmehr selbst diese Trennung vollziehen, dann sind sie in der Lage, aus einem vorgefallenen Missgeschick den Schluss zu ziehen, ihren Fehler kein zweites Mal zu begehen, und damit basta – weil sie sich ihres unverlierbaren Eigenwertes bewusst sind. Mixen sie aber Fehler und Selbstwert, dann etablieren sie ein niedriges Selbstwertgefühl mit kommunikativ drastischen Folgen. Sie suchen dann ständig Lob und Anerkennung durch andere Menschen, weil sie sich nur als „in Ordnung" definieren, wenn ihnen von außen zurückgespiegelt wird: „Du bist in Ordnung". Demzufolge verbiegen sie sich nach den Wünschen anderer, reagieren marionettenhaft, halten Kritik und Tadel kaum aus, verstecken und verleugnen eigene Fehler, um eben Tadel zu vermeiden, rechtfertigen sich pausenlos, erklären unentwegt, dass sie „nichts dafür können“, schieben jegliche Schuld auf angeblich unabwendbare Umstände und verheimlichen das gesamte Spektrum ihres Innenleben in der nie nachlassenden Angst, abgelehnt, verurteilt oder gar verachtet zu werden. Kurzum, sie rutschen in eine neurotische Störung hinein.

Zum Glück muss das nicht passieren, auch wenn die genossene Erziehung nicht ideal war. Aber aufpassen muss man schon, wenn sich ein Hang zur Abhängigkeit von der Meinung und Einschätzung durch andere Personen in einem breit macht. Sollte man desgleichen bei sich registrieren, ist wieder einmal ein sinnvoller Verzicht an der Reihe, nämlich der Verzicht darauf, vor den Augen der Welt gut dastehen zu wollen. „Es kommt nicht darauf an, dass etwas für gut *gehalten* wird, sondern darauf, dass es gut *ist*“, pflegte ich meinen Patientinnen und Patienten einzutrichtern. „Fragen Sie deshalb nicht, was andere von Ihnen *halten*, sondern fragen Sie sich und nur sich allein, ob das, was Sie soeben im Begriffe sind zu tun, auch gut *ist*! Wenn es das *ist*, tun Sie es ungeniert und unbekümmert um etwaige Anerkennung oder Ablehnung, die Sie vielleicht einkassieren mögen. Und wenn es das *nicht ist*, nehmen Sie davon Abstand, auch wenn die Gunst anderer winken würde.“ Für so manche und manchen aus meiner Klientel wurde dies zu einem langen Umdenkprozess. Und sie nahmen die Warnung von Alice Walker mit nach Hause: „Die häufigste Art, wie Menschen ihre Talente verschwenden, ist, indem sie denken, sie hätten keine.“

Zu einer glückenden zwischenmenschlichen Kommunikation gehören neben dieser inneren Freiheit die Fähigkeiten, 1. in Ruhe zuzuhören, und 2. den Inhalt des Gehörten zu fokussieren. Das mutet selbstverständlich an, dennoch hapert es daran oft.

Zu 1: Schon Marie von Ebner-Eschenbach hat gesagt: „Solange man selbst redet, erfährt man nichts.“ Und es ist richtig: Ein echtes teilnehmendes Zuhören ist rar geworden. Viele Beziehungen kranken daran, dass einer den anderen überfordert. Jeder möchte Verständnis,

Rücksicht und Zeitgeschenke vom anderen bekommen, ohne desgleichen auszuteilen. Einer redet auf den anderen ein, und je mehr sich dieser stumpf berieseln lässt, desto lauter wird der Wortschwall, der sich über ihn ergießt. Wer nicht zuhört, weiß nicht, was mit dem anderen los ist, und kann daher auch nichts unternehmen, was die Wogen wieder glättet. In solchen Konstellationen lohnen sich beidseitige Verzichte, um wieder zueinander zu finden: Der Sprecher sollte auf endlose Tiraden verzichten und sich kurzfassen, und sein Gegenüber sollte auf eine innere Abschaltung verzichten und die Geduld aufbringen, zu lauschen, worum es dem Sprecher überhaupt geht.

Zu 2: Worum es überhaupt geht … Es ist kaum zu glauben, wie häufig es pure Missverständnisse sind, die die emotionalen Wogen zwischen Kommunizierenden aufschäumen lassen. Eine Frau sagt zu ihrem Mann beim Frühstück: „Mein Auto hat noch Sommerreifen." Der Mann verdreht die Augen und antwortet gereizt: „Ich kann bei meinem Berufsstress nicht auch noch dein Auto in die Werkstatt bringen!" Hat die Frau ihn darum gebeten? Hat sie einen Dienst von ihm verlangt? Nein. Aber er interpretiert ihre Aussage in diese Richtung und wehrt sich im Vorhinein. Wenn die Frau empfindlich ist, hängt der Haussegen zwischen den beiden alsbald schief.

Zahlreiche Leute nehmen Aussagen anderer viel zu persönlich, verstehen sie als indirekte Vorwürfe, Anklagen, Aufforderungen oder Diskriminierungen und reagieren auf das von ihnen Hineininterpretierte statt auf die wirklich übermittelten Inhalte. Davon ist abzuraten. Es kann sein, dass gelegentlich eine unausgesprochene Botschaft in den Worten einer fremden Person mitschwingt, aber sogar dann ist es besser, diese „verschlüsselte Botschaft" zu ignorieren und darauf zu warten, dass die Person mit dem herausrückt, was sie wirklich beschäftigt. Hinein-Deutungen und Andeutungen sind das reinste Gift für jede Gesprächskultur, weil sich damit nie zu einem Konsens gelangen lässt. Keiner begreift, was der andere eigentlich will. Deshalb empfiehlt sich, trotz etwaig vorhandener Minderwertigkeitsgefühle sich nicht davon abhalten zu lassen, offene Dispute zu führen, Klartext zu reden, die zwischenmenschlichen Dialoge auf Inhalten aufzubauen – und auf persönliche Animositäten möglichst zu verzichten.

Und sich zudem den Spruch von Eleanor Roosevelt über das Bett zu hängen: „Ohne deine Zustimmung kann dir niemand das Gefühl geben, minderwertig zu sein“.

Neid, Missgunst, Eifersucht – wie erwehrt man sich derlei Qualen?

Wir haben einige Folgen eines Minderwertigkeitsgefühls beleuchtet, aber damit ist das Thema noch nicht ausgeschöpft. Nicht nur die Betreffenden selbst sind zu bedauern, sondern ihre Kontaktpersonen sind es mindestens genauso. Es ist mühsam, mit jemandem zusammenzuleben oder zusammenzuarbeiten, dem es an innerer Freiheit und Souveränität mangelt. „Der Neurotiker neurotisiert seine Mitwelt“, hat es in den alten Psychologie-Lehrbüchern geheißen. Weil sich Personen, die an ihrem Eigenwert zweifeln, ständig mit anderen Personen vergleichen – aus der Angst heraus, ihnen nicht ebenbürtig zu sein –, werden sie häufig von Neid, Missgunst oder Eifersucht geschüttelt. Aber, wie Sören Kierkegaard es bereits formuliert hat: „Das Vergleichen ist das Ende des Glücks und der Anfang der Unzufriedenheit“.

Das Irrationale daran ist, dass man sich fast ausschließlich mit denjenigen vergleicht, denen es ein Quäntchen besser geht als einem selbst, die ein paar Dinge mehr besitzen, als man selbst, und vor allem, denen die Liebe und Zuwendung anderer in den Schoß zu fallen scheint, was einem selbst offenbar nicht passiert. Es sind die (vom

Leben, von der Vorsehung?) Bevorzugten, die den Groll der Benachteiligten hervorrufen. Allerdings gibt es ein paar Millionen Menschen auf Erden, die unvergleichlich ärmer dran sind als man selbst, und mit denen man sich ebenfalls vergleichen könnte. Nur tut das seltsamerweise niemand. Man denkt nicht einmal am Rande an sie.

Das Vergleichen mit den vermeintlich oder wahrhaftig Bessergestellten ist nicht nur eine Unsitte, es ist auch der Auslöser für Neid, Missgunst und Eifersuchtsattacken, die zu den gruseligsten Quälgeistern zählen, die jemandem plagen können. Schon Kinder beobachten sorgenvoll, ob ihre Brüder oder Schwestern von den Eltern irgendwie freundlicher behandelt werden als sie selbst. Der Konkurrenzgedanke keimt früh auf und setzt sich in den Klassenzimmern fort. Er wird in das spätere partnerschaftliche und berufliche Wirken mitgeschleppt. Und die gruseligen Quälgeister sind fortan fleißig beschäftigt …

Wer ihnen entrinnen will, muss einen Verzicht der Sonderklasse leisten, nämlich beizeiten seine Haltung anderen gegenüber „verkehren“ und zur Gönnerschaft und zur Mitfreude umschwenken. Es kann lange dauern, bis sich jemand dazu durchringt, dennoch lohnt es sich.

Eine ältere Patientin von mir erzählte mir einst unter Tränen, dass sie als Kind in einem Menschengewühl ihre Puppe verloren und trotz emsigen Suchens nicht wieder gefunden hat. Es sei ein folgenschweres Trauma für sie gewesen, denn die Puppe war damals ihr einziger Schatz, und sie wagte es danach nie mehr, ihr Herz an etwas oder an jemanden zu hängen, um nicht nochmals einen solchen Verlustschmerz erleben zu müssen. „Das war in der Nachkriegszeit?“ fragte ich sie. „Ja“, schluchzte sie. „Demnach waren damals Spielzeuge rar?“ „Und wie“, antwortete sie, „alle hungerten und niemand hatte Geld für Spielzeug“. „Wenn ich das richtig verstehe, gab es also damals mehr Kinder als Spielsachen“, fasste ich zusammen. „Könnte es in diesem Fall sein, dass es sinnvoll war, wenn mehrere Kinder sich ein Spielzeug miteinander teilten? Betrachten Sie es doch so: Ihre Puppe hat Sie eine Zeitlang beglückt. Nachdem sie Ihnen aus den

Händen geglitten ist, hat zweifellos ein anderes Kind Ihre Puppe gefunden oder wurde von einem Erwachsenen, der die Puppe aufgehoben hat, damit beglückt. Für dieses andere Kind war der Fund schier ein Geschenk des Himmels! … Wie wäre es, wenn Sie Ihre geliebte Puppe nachträglich dem Finder-Kind gönnen würden? Wenn Sie zu dem unbekannten Kind innerlich sagen würden: ‚Die Puppe sei dein! Behalte sie und liebe sie genauso, wie ich sie geliebt habe. Ich bin jetzt rückwirkend damit einverstanden, dass auch dir meine Puppe gefallen hat, und hoffe, dass sie dir deine Kindheit ein wenig versüßt hat!"

Die Patientin sann darüber nach und erwiderte schließlich: „Das ist genial! Wenn ich es so betrachte, ist es ganz leicht, die Puppe zu verabschieden. Ich habe nie an das Finder-Kind gedacht, immer nur an meinen eigenen Schmerz. Aber ja – gerne will ich im Nachhinein dem Finder-Kind meine Puppe gönnen." „Und werden Sie es wieder wagen, Ihr Herz an etwas oder an jemanden zu binden?" hakte ich nach. Sie schmunzelte. „Na, wenn ich es schaffe, meine Puppe zu verabschieden, werde ich auch andere Abschiede zustande bringen – glauben Sie nicht?" Ich glaubte es schon.

Die Freude hat viele Varianten. Dem Volksmund nach ist die Vorfreude die schönste Freude. Aber ich kenne eine Variante, die noch über die Vorfreude triumphiert, und das ist die *Mitfreude*. Wer sich mit dem Glück eines anderen Menschen mitfreuen kann, ist unerhört reich. Und unerhört stabil. Ihn ficht nichts an. Die gruseligen Quälgeister Neid, Missgunst und Eifersucht ergreifen vor ihm die Flucht. Seine Seele atmet auf. Anderen darf es gut gehen, sogar besser gehen als ihm selbst, und er gönnt es ihnen in vollem Ausmaß. Er freut sich mit ihnen und klinkt sich in ihr Lachen und Strahlen mit ein. Das sichert ihm einen festen Platz an ihrer Seite. Sie hieven ihn gleichsam in ihr Glück mit hinein. Im großzügigen Gönnen wird er zum stillen Teilhaber ihrer Glückssträhne. „Mitfreudige" Menschen werden ausnahmslos als Freunde (und nicht als Konkurrenten) betrachtet.

Es zählt zu den spezifisch menschlichen Attributen, Mitleid und Mitfreude empfinden zu können. Obwohl sich auch Mitleid nicht automatisch einstellt, wenn jemand anderer ins Verderben stürzt, muss um die Mitfreude deutlich mehr gerungen werden, wenn sich jemand anderer im Höhenflug befindet. Mitfreude ist eine Nuss, die es zähneknirschend zu knacken gilt. Doch wer sie knackt, ist gegen vielerlei Qualen immunisiert, die ihn anderenfalls nicht mehr loslassen. Selbst bei Partnerschaften, bei denen sich einer der Partner in eine Drittperson verliebt, hat sich erwiesen, dass der zurückbleibende Partner am besten und am wenigsten geschoren mit der Situation fertig wird, wenn er den Fremd-Geher mit allen guten Wünschen ziehen lässt – so weh es tut. Man kann niemanden an sich fesseln. Freilich kann man jemanden hassen (und Liebe, insbesondere Besitz ergreifende Liebe schlägt rasch in Hass um, wenn sich dieser „Besitz" ihr entwindet), aber der Hass sitzt nirgends anderswo als in der eigenen Brust und im eigenen Gemüt. Um ihn dort wieder herauszuschaufeln, bedarf es eines überdimensional großen Baggers an Rekreationskraft, der nur selten aufzutreiben ist.

Um es auf den Punkt zu bringen: Wer mit sich und seinem Leben zufrieden ist, wird von allen Seiten geschätzt. Vom sanften Ruhekissen seiner Zufriedenheit aus kann er vergnügt zuschauen, wie andere sich ihres Lebens erfreuen, ohne den leisesten Stich bei sich selbst zu verspüren. Er kann auch mit anderen teilen und sie unterstützen, ohne dem von ihm Gespendeten, sei es Zeit, Geld oder Arbeitsaufwand, im Geringsten nachzutrauern. Solche Menschen sind begehrt, obwohl sie ihrem begehrt Werden in keiner Weise nachjagen. Umgekehrt wendet sich die Mitwelt von den Missgünstigen, Neidischen, Eifernden und Kleinlichen ab. Dadurch wächst deren Sehnsucht nach dem Begehrt-Werden, und je weniger gestillt diese Sehnsucht ist, desto frustrierter und neidischer betrachten sie ihre Mitwelt. Ein „Teufelskreis" braut sich zusammen, der kaum mehr zu sprengen ist. Deshalb mein Tipp: Man hüte sich vor Vergleichen, mache sich seine Einzigartigkeit und seinen verbürgten Selbstwert bewusst, und freue sich über jeden Glücksfunken, egal, wo er sprüht und auf wen er gerade fällt!

Abspecken im Individuellen – abspecken im Kollektiven?

Ich habe die oben erwähnte Patientin sehr gut verstehen können, denn auch ich bin in den kargen Nachkriegsjahren aufgewachsen. Deswegen sei mir bei der Abhandlung sinnvoller Verzichte der folgende kleine Hinweis gestattet: Ich kann mich nicht erinnern, dass damals auch nur *ein* Kind in unserer Schule übergewichtig war. Essen war rar. Autos gab es noch kaum, Geld für die Straßenbahn hatten wir sowieso nicht, und daher bewegten wir uns ständig. Wir Mädchen waren so spindeldürr (was natürlich auch nicht ideal war), dass die Mode bauschige Unterröcke erfand, damit wir nicht gar zu mickrig wirkten. Heutzutage erfindet sie Hängekleider, um dicke Bäuche zu kaschieren.

Nicht nur eine verschlechterte Wirtschaftslage könnte ein fulminanter Anlass zum Abspecken sein, und dies wortwörtlich gemeint. Das Übergewicht ist einer der größten Feinde sowohl des jungen als auch des alten Menschen. Den Jungen verdirbt es die Entfaltung eines gesunden Selbstbewusstseins, dessen Bedeutung wir inzwischen kennen gelernt haben, und den Alten verdirbt es einen Gutteil ihrer Selbständigkeit. Es macht träge, faul und hinfällig. Im mittleren Alter kann man es mit gewissen Vorzügen überdecken, aber dem Körper zuträglich ist es nie. Und als Ersatzbefriedigung taugt das „in sich Hineinstopfen" von Essen überhaupt nicht. Man muss sich schon um echte liebevolle Beziehungen zu seinen Mitmenschen bemühen, zum Beispiel auf dem Weg des gegenseitigen Einfühlens, Eindenkens und der gegenseitigen Achtung, um in der Gemeinschaft integriert zu sein. Und ist man es nicht, kompensieren auch leckere Schokoladentorten kein Außenseitertum. Gerade heute, wo sich die Schatten ringsum zusammenziehen, zeichnet sich dies immer deutlicher ab.

Abspecken sollten wir auch bei der Skala unserer Bedürfnisse. Wandert man durch eine Shopping-City, deren gesamte Dekoration darauf ausgelegt ist, Kaufbedürfnisse bei potenziellen Kundinnen und Kunden zu wecken, könnte man sich genauso gut im angenehmen Wissen sonnen, was man alles *nicht braucht*. Man könnte die angebotenen Waren belustigt betrachten und als überflüssig für das eigene Glück einstufen. Man könnte mit Stolz feststellen, dass man nicht auf jede Reklame und jeden Werbetrick hereinfällt. Sind wir Herdentiere, die den Leithammeln von Multi-Konzernen nachrennen? Sind wir Handlanger eines nie enden wollenden Wirtschaftsbooms? Nein, wir sind doch intelligente Wesen. Schon zur Römerzeit hat Plinius konstatiert, dass „die Dinge, die wir besitzen, selten den Zauber bewahren, den sie hatten, als wir sie erstrebten." Mehr als zwei Jahrtausende später ist es überfällig, solchen „Zauber" im Vorhinein zu entlarven.

Natürlich können die persönlichen Umstände konträr gelagert sein. Millionen Menschen besitzen nicht das Nötigste für ihren Lebensbedarf. Aber gerade ihnen wäre ja nur dadurch zu helfen, dass die Güter der Erde umverteilt würden, womit wir wieder beim Verzicht auf Überflüssiges landen.

Es gibt ein interessantes philosophisches Wort von Frankl, der gemeint hat, dass wir *nicht die Fragenden, sondern die Antwortenden sind.* Es ist nutzlos, das Leben zu fragen oder dagegen aufzubegehren, warum unsere Umstände so und so sind, wie das Schicksal sie uns eben präsentiert. Das *Leben* ist es, das uns quasi die Fragen stellt. Es fragt uns: „Deine Umstände sind so und so – was machst du daraus? Wie antwortest du darauf? Wie handelst du angesichts der vorliegenden Umstände? Wie stellst du dich zu ihnen ein?" *Darin*, in diesem Antwort geben können, ja, Antwort geben müssen, liegt unsere Wahlfreiheit. Nie sind wir frei von irgendwelchen Belastungen (übrigens auch nicht von eventuellen Entlastungen), sondern wir starten dort in die Freiheit, wo wir beginnen, mit unseren Belastungen und mit unseren individuellen Möglichkeiten auf unsere ganz persönliche Weise umzugehen. Das ist ein Aspekt der in einer von Krisen durchwachsenen Epoche wie der unsrigen hilfreich sein kann. Nämlich zu wissen: *Auf die Antwort von jedem einzelnen von uns kommt es an.*

Die Evolution ist seit jeher nach dem Prinzip verfahren, „Antwort zu geben". Sie antwortet auf physikalische und chemische Gesetze mit Neubildungen. Sie antwortet auf Mutationen lebender Organismen mit Selektion des sich Bewährenden. Sie antwortet auf Ungleichgewichte mit Austarieren. Zweifellos antwortet sie auch auf Massenverfehlungen des homo sapiens, und dies ist kein Spaß. Wenn der Konsumwahn und die Überbevölkerung auf unserem Planeten voranschreiten, wird die Evolution Antworten darauf parat haben. Hoffen wir, dass es nicht Naturgewalten oder Menschengewalten gigantischen Ausmaßes sind, die dann für ein drastisches „Abspecken" unseres Geschlechts sorgen, indem sie die Weltbevölkerung massiv dezimieren.

Vergänglichkeitsbewältigung – Bangemachen gilt nicht!

Der Tod ist ein Thema, dem man tunlichst ausweichen möchte. Dass er plötzlich nach uns greifen könnte, ist erschütternd. Vertieft man sich in die kursierenden Nachrichten, kann man ihn jedoch kaum mehr aus seinen Ängsten verdrängen. Das Schlagwort von der „letzten Generation" geht um und beginnt sich in unseren Köpfen einzunisten und dort Unruhe zu stiften. Aber machen wir uns nichts vor: Wir haben kein ewiges (irdisches) Leben zu verlieren. Und weder

Jugend noch Fitness schützen vor Unfällen und Katastrophen aller Art.

Es könnte heutzutage die perfekte Gelegenheit für jedermann sein, sich mit der eigenen Vergänglichkeit heroisch oder stoisch auseinanderzusetzen, und das bedeutet unter Anderem, den bisherigen Lebenslauf kritisch zu überprüfen. Was war uns gnädig geschenkt? Was ist uns gelungen, was haben wir erreicht? Worauf können wir lächelnd zurückblicken in unserem Leben? Nichts hindert uns, uns daran aufrichtig zu erfreuen. Das Geschehene wird schließlich mit unserem Lebensende nicht ausradiert. Es bleibt bewahrt in der Geschichte über uns und wirkt weiter über uns hinaus. Jeder hinterlässt seine Spuren.

Wahrscheinlich taucht beim Rückblick auf unser bisheriges Leben auch einiges auf, das missglückt ist. Das unvollständig ist. Oder das geplant und erträumt aber nie angegangen worden ist. Also – nehmen wir es in Angriff! Eine Zeit wie die unsrige warnt vor Aufschüben. Noch können wir uns bei jemandem entschuldigen. Noch können wir jemandem verzeihen. Noch können wir jemandem beteuern, wie viel er oder sie uns bedeutet. Auch können wir manche schlechte Unsitte ablegen und unseren Charakter aufpolieren. Wir haben verstanden: Leben ist zu kostbar, um mit unnötigem Zanken, Jammern und selbstproduzierten Konflikten verschwendet zu werden. Sogar wenn wir seit Jahren mit jemandem verfeindet sind, lässt sich immer noch Versöhnung anpeilen. Denn unbefriedet schließt man die Augen nicht in Frieden!

Egal, wie groß oder klein der Rest unseres Lebens sein mag, in jedem Augenblick können wir etwas Sinnvolles entdecken, das auf uns wartet und das wir zu verwirklichen imstande sind. *Der Tod ist eigentlich der Impuls, unser Leben zur Fülle zu leben.*

Frankl hat darauf hingewiesen, dass die Fülle eines gelebten Menschenlebens nicht aus dem Sein geworfen wird, sondern im Gegenteil ins Sein hineingeborgen wird wie die Getreideernte unter ein Scheunendach. Er empfahl uns, das Bedauern über die bereits abgeernteten „Stoppelfelder“ unserer Lebenszeit abzulösen durch die Genugtuung über diese eingebrachte Ernte, die vom Tod nicht mehr zerstört werden kann. Woraus sich ergibt, dass die Vergänglichkeit unserer Existenz den Imperativ enthält, eine möglichst wohlgeratene Ernte einzufahren, da sie – unvergänglich ist.

Frankl hat uns in seinem veröffentlichten Dialog mit der todgeweihten Frau Linek[7] seine diesbezüglichen Argumentationen vorgeführt. Es ging ihm um kein Beschwichtigen der Patientin, sondern er wollte ihr noch einige Erkenntnisse eröffnen, was ihm auch gelang, obwohl sie vom Bildungsniveau her eine einfache Frau war.

Zu welchen Erkenntnissen führte Frankl jene sterbende Frau? Er bat sie zunächst, ihr bisheriges Leben vor ihren inneren Augen noch einmal vorbei gleiten zu lassen. Typisch für ihn war, dass er dabei primär die erhebenden Erlebnisse aus ihrer Geschichte hervorlockte und mit ihr rekapitulierte. Danach konfrontierte er sie mit ihrem nahenden Ende: „Das alles wird jetzt aufhören …“. Und mitten in ihr Seufzen hinein setzte er das Faktum, dass all diese schönen Erlebnisse, von denen sie ihm erzählt hatte, *tabu sind für Gevatter Tod*. Niemand kann sie ihr rauben oder in hässliche Erlebnisse umfärben – keine Macht der Welt kann sie aus der geschichtlichen Wahrheit wieder herausreißen. Was Ihres ist, ist es auf ewig.

Alles Gute ist in die unantastbare Vergangenheit hinein gerettet … auf dem Boden dieser Einsicht erträgt man auch die Erinnerung an das Schlechte. An das erlittene Leid, das jetzt zur Sprache kam. Nur, was hat es damit auf sich? Frau Linek dachte an göttliche Strafmaßnahmen, was Frankl sofort wendete. Sein Einwand: „Könnten es nicht auch Prüfungen gewesen sein?“ klingt schroff, aber wenn Frankl vom Fragecharakter des Lebens und vom Antwortcharakter unseres Daseins gesprochen hätte, wäre er wahrscheinlich

---

[7] Viktor E. Frankl, „Ärztliche Seelsorge“, dtv, München, 7. Auflage 2017, Seite 231 ff

nicht verstanden worden. Dass man Prüfungen jedoch bestehen kann, sogar glänzend bestehen kann, verstand die Frau. Also – hat sie ihr Leid tapfer gemeistert? Sie hat. Na, dann: großer Applaus ... „Ihr Leben ist ein Denkmal", sagte der Professor.

Was Frau Linek konnte, das können wir auch: Setzen wir unserem Leben ein Denkmal!

Und wenn jemand sein Leben *nicht* glänzend gemeistert hat? Einmal hat Frankl im Gefängnis von St. Quentin/Kalifornien mit einem mehrfachen Mörder und Todeskandidaten gesprochen, der am nächsten Tag den Elektrischen Stuhl besteigen musste. In diesem Gespräch hat Frankl seine Argumentation kaum variiert. Noch gäbe es ein paar Stunden, in denen ein verpfuschtes Leben zu einem glanzvollen Finale umgelenkt werden könne – noch sei „die Prüfung" zu bestehen, noch könne die Frage „Was jetzt?" meisterhaft beantwortet werden. Der Gefangene verstand. Reuig und gefasst trat er seinen schweren Gang an.

Was der Gefangene konnte, das können wir auch: Treten wir – wenn es sein muss: reuig, wenn es sein darf: dankbar – und gefasst jenen letzten schweren Gang an, der uns noch bevorsteht.

Kein Wunder, dass Cicely Saunders, immerhin die Begründerin der internationalen Hospizbewegung, im Jahr 1993 in einem Brief Frankl für seine Anregungen ausdrücklich gedankt hat[8]. Memento mori!

---

[8] „I had the pleasure of listening to you at the Montreal Conference a number of years ago now. I am sure, many people in the hospice world have thanked you for your influence on our thinking, but I would like to add my voice once again." (Aus „Hospizwissen, Heft 3/2019)

Teil II: Falldokumentationen aus der logotherapeutischen Praxis

(Heidi Schönfeld)

Ihr sollt euch Sorgen um mich machen!

Präambel

Es gibt ein seelisches Krankheitsbild, das früher unter dem Namen „Hysterie“ zusammengefasst wurde. Heute firmiert es unter verschiedenen Fachausdrücken wie „dissoziative Identitätsstörung“, „histrionisches Verhaltensmuster“, somatoforme Persönlichkeitsstörung“ u. a. Bei diesem Krankheitsbild simulieren die Kranken diverse körperliche oder psychische Leiden, um von ihrer Mitwelt Aufmerksamkeit und Zuwendung zu erhaschen. Dabei können sie sich derart in ihre vorgeschobenen Leidenszustände hineinsteigern, dass diese zunehmend echten Charakter annehmen. Manchmal gelingt es den Kranken dann gar nicht mehr, aus ihren selbst herbeigerufenen Beschwerden wieder auszusteigen, selbst wenn sie dies möchten. Tragischerweise ermüdet auch die Mitwelt in den ihnen abverlangten Liebesbekundungen, was die Kranken schlussendlich oft in eine elende Isolation hineingeraten lässt.

Was die Genesis des Krankheitsbildes betrifft, so ist vor allem im psychoanalytischen Lager viel über frühkindliche Missbrauchserlebnisse spekuliert worden, die eine Art Selbsthass erzeugt hätten. Deshalb würden die Kranken einerseits zu Selbstschädigungen und andererseits zum Wunsch nach exzessiver Zuwendung seitens ihrer Mitwelt neigen. Empirische Untersuchungen haben diese Spekulationen nicht erhärtet. Allerdings haben sich ähnliche pathologische Muster in Generationsabläufen gefunden, was auf Anlage- oder Vorbildfaktoren hindeuten könnte.

Die Erfahrung zeigt, dass das Problem keineswegs beruhigt würde, wenn man hysterisch veranlagten Personen gezielt vermehrte Aufmerksamkeit und Liebesbeweise zuteilwerden ließe, etwa nach dem Motto, dass sie diesbezüglich zu kurz gekommen seien und einen Nachholbedarf hätten. Ein solches Verfahren bestätigt nur, dass ihr berechnendes Kalkül funktioniert und fixiert es. Das einzige Mittel, mit dem man solchen Kranken nachhaltig helfen kann, ist, sie zu motivieren, auf ihr „hysterisches Getue“ *freiwillig zu verzichten*. Insbesondere wenn sie noch jung sind, können sie lernen, sich mit Schwung und Elan persönlichen Interessensgebieten zu widmen, ohne auf irgendein positives Feedback zu spekulieren, was die Chance für sie erheblich erhöht, auf natürliche Weise jene Beachtung und Anerkennung zu erhalten, nach der sie sich so verzweifelt sehnen.

Fallgeschichte

Die erste Intervention

Die Familie von Petra wohnt in Erlangen, wo Petras Vater bei einem großen Konzern arbeitet. Zuvor hat die Familie berufsbedingt 14 Monate in Berlin gelebt, wohnt aber seit einem Jahr wieder in ihrer fränkischen Heimatstadt. In Berlin sind Zwillinge geboren worden.

Petras Mutter hatte Mühe, einen Babysitter für die Kleinen zu finden, aber das musste sein, um mit ihrer 13jährigen Tochter zu mir in die Praxis nach Bamberg zu kommen. Es war ihr zu wichtig. Sie schaffte es allem Trubel zum Trotz, denn es brennt. Die Eltern wissen sich nicht mehr zu helfen. Petra hat nach Aussage ihrer Mutter eine bislang therapieresistente Angststörung. Eine logotherapeutische Behandlung erscheint der Familie wie ein letzter Strohhalm.

Seit zwei Jahren ist das Mädchen schon in verhaltenstherapeutischer Behandlung. Zuerst bei einem Kollegen in Berlin; nahtlos im Anschluss nach dem Umzug bei einer Verhaltenstherapeutin in Erlangen, aber nichts hat geholfen. Irgendein Arzt hat dem Mädchen zusätzlich das Medikament Ritalin verschrieben, die Mutter weiß nicht, warum.

In meiner Praxis beginne ich das Gespräch mit Petra und frage erst einmal nach der Schule, nach ihren Lieblingsfächern, nach ihren Freunden. Es dauert nicht lange, bis Petra auftaut und ein Anfangsvertrauen zwischen uns beiden entsteht. Da schicken wir die Mutter zum Kaffeetrinken, denn wir brauchen sie nicht mehr als Trost und Hilfe dabei.

Um zum Thema Angst zu kommen und um aller Bedrohlichkeit der Angst von Anfang an keine Chance zu geben, frage ich das Mädchen, ob sie ihre Angst auch mitgebracht habe. „Wie schaut die Angst aus? Hockt sie auf dem Sofa hier oder darunter?"

„Keine Ahnung", antwortet Petra.

Ich versuche zu erfahren, wovor das Mädchen überhaupt Angst hat, und stelle viele Fragen dazu. Aber nichts will gelingen. Auf alle meine Fragen kommt in Variation immer wieder: „Das weiß ich nicht. Ich habe Panikattacken. In der Schule. Nachts. Häufig." Aber ein Wovor der Angst lässt sich nicht entdecken; der Kern der Angst bleibt unsichtbar.

„Wegen meiner Panikattacken mussten wir sogar von Berlin wieder nach Erlangen ziehen, aber sie sind auch hier nicht weggegangen", erklärt Petra geradezu stolz. Das klingt ernst.

Ich nehme ein Blatt, zeichne eine lustige Figur, die ich den „Erpresser" nenne. Wir reden darüber, dass Erpressungen nur funktionieren, wenn man dem Erpresser etwas zahlt. Zahlt man nichts, wird seine Drohung hinfällig. Auch die übermäßige Angst gleicht einem Erpresser. Das interessiert Petra kurz. Aber bald ist sie wieder weg vom Thema und schimpft über ihre Verhaltenstherapeutin, und zwar mit großer Vehemenz. Sie erklärt, was die alles falsch mache, wie dumm die sei, usw.

Das schaut nicht gut aus. Petra beurteilt die fachlichen Leistungen ihrer Therapeutin vernichtend. Ich versuche, von diesem Thema abzubiegen und über ihre Angst zu reden, aber sie will nicht über ihre

Probleme reden, sie will über die Therapeutin schimpfen, und zwar mit enormem Selbstbewusstsein.

Spätestens hier wird mir klar, dass auch ich auf dem Therapeuten-Prüfstand stehe und scharf beobachtet werde, was ich wohl zu bieten habe. Ich kehre zurück zu meinem gezeichneten Erpresser, male ihm ein Schild in die Hand, das er vor sich herträgt, und frage: „Was steht auf dem Schild, womit will die Angst dich erschrecken?"

„Keine Ahnung."

Ich bleibe gelassen und suche weiter nach dem Angstinhalt. Schließlich schlägt mir Petra vor: „Vielleicht Angst vor dem Allein-Sein? Oder vielleicht, dass irgendetwas Schlimmes passiert?" Das wirft sie mir von ungefähr hin, aber sie ist selbst davon nicht überzeugt.

Ich überlege, was die hautsächliche Not dieses Mädchens sein könnte. Schlimmere Krankheiten kann man ausschließen, es finden sich keine Hinweise auf eine Psychose; die Diagnosen Schizophrenie oder Depression fallen aus. Endogene Depressionen werden zwar mitunter von dumpfen Angstgefühlen ohne ein Wovor begleitet, aber für so eine Krankheit ist Petra viel zu munter. Auch für eine sehr selbstunsichere Persönlichkeit finden sich keinerlei Anzeichen bei ihr. Das Mädchen ist weder ängstlich noch scheu. Wenn, dann ist Petra eher fordernd, schnippisch und überheblich.

Ich weiß genau, dass man die logotherapeutische Methode der „Paradoxen Intention" nur einsetzen kann, wenn man den Knackpunkt einer irrationalen Angst kennt, den es zu parodieren gilt – und den kenne ich nicht. Was also tun? Ich wähle einen Umweg und versuche die Angst an sich ins Lächerliche zu ziehen, vielleicht taucht dann irgendetwas auf, was dem Kind wirklich Angst macht.

Deshalb erfinde ich „Frau Angst" und spiele Petra vor, wie sie beispielsweise mutig zu Frau Angst sagt: „Nein, du darfst heute nicht mit mir in die Schule gehen!" Dann beuge ich mich pantomimisch zurück und sage mit kindlich ängstlicher Stimme alternativ: „O ja, liebe Angst, du darfst gerne über mich herrschen."

Das Spiel gefällt Petra auf Anhieb und sie lacht. Plötzlich redet sie wie ein Wasserfall, spielt erst Frau Angst und nachher sich selbst und hat sichtlich Freude am Theater. Aber ein Inhalt der Angst scheint auch jetzt nicht auf.

Da bitte ich Petra, sie möge doch einmal eine dicke, fette Panikattacke vorzeigen. Sie stutzt und fragt, ob ich das ehrlich meine. „Ja klar", bestätige ich. Sie schaut mich einen Moment ratlos an und will dann sogleich wissen, warum ich das herausfordere.

Ich erkläre es ihr. Man kann bestimmte Zustände nicht absichtlich erzeugen, weder Freude noch Angst kann man künstlich herstellen. Deshalb wird sie einen echten Angstabfall nicht mit Absicht herbeizitieren können.

Sie nimmt dies aufmerksam zur Kenntnis – doch es läuft bei ihr ins Leere.

Also versuche ich es nochmals mit dem Parodieren von Angst an sich: „Liebe Frau Angst, ich wünsche eine Panikattacke um 9.15 h, nicht früher und nicht später, sondern genau im Französischunterricht, weil das den Lehrer so herrlich schockiert!" Und ähnliche Kalauer.

Petras Reaktion ist lediglich, dass sie meine Ansätze mit ihren bisherigen Therapien vergleicht und konstatiert, dass meine ganz anders sind, als sie gewohnt ist. Das wundert sie. Ich erkläre ihr, dass Angst und Humor sich gegenseitig ausschließen, und dass ein Lachen über eine eigene aufgebauschte und unnötige Angst letztere vertreiben kann. Sie spielt wieder eine Weile mit, hat aber wesentlich mehr Interesse am Spielen als an einem potenziellen Sieg über ihre Angst.

Ständig will sie wissen, warum ich etwas mache, wie ich mein Vorgehen erklären kann, etc., nur Angst ist kein Gesprächsthema für sie.

Ich frage sie: „Wie heißt deine Angst? Gib ihr einen Namen!" Erfahrungsgemäß hilft es angstgestörten Patienten, ihre Ängste zu personifizieren, um sich besser von ihnen distanzieren zu können. Petra antwortet ganz neunmalklug mit „Das muss gut überlegt werden, denn auf die Namensgebung kommt es an“. Aber kein Name wird genannt.

Ich frage sie: „Wie schaut deine Angst aus? Gibt ihr eine Gestalt!“ Sie erfindet eine rosarote Fantasiefigur und nennt sie „Epilette Dummelette“. Ich seufze innerlich, denn dieser Name ist schwierig zu merken und umständlich im Therapiegespräch zu verwenden, aber ich lasse ihn gelten.

Wir spielen mit Petras Vorstellungen noch ein bisschen weiter, aber es entstehen eher Fantasie-Storys. Von Angst, gar von einer übermächtigen Angst, zeigt sich keine Spur. Schließlich holen wir die Mutter dazu. Wir erzählen ihr von Epilette Dummelette und Petra lacht dabei. Ich versuche der Mutter ein paar Grundlagen der logotherapeutischen Angsttherapie zu erläutern. Die Mutter reagiert unsicher, arbeitet aber mit und bemüht sich, meine Anleitungen umzusetzen. Man merkt ihr an: Sie möchte wahrlich alles tun, damit ihrem Kind geholfen wird.

Weil für Petras Mutter die Fahrt zu mir wegen der zwei kleinen Kinder zu Hause schwierig zu organisieren ist, vereinbaren wir eine Sitzung per Videokonferenz in zwei Wochen.

Zurück bleibt eine ziemlich ratlose Therapeutin. Angsttherapie, ohne die Aufhänger der Angst zu kennen, kann nicht klappen.

Die zweite Intervention

Nach zwei Wochen bei der Videokonferenz-Sitzung erzählt mir Petra von einem Buch, das sie schreiben will. Ein Gespräch über ihre Ängstlichkeit langweilt sie. Ein Reden über ihre Schule auch.

Ist ihre Angst überwunden? Ich empfehle der Mutter zu überlegen, ob Petra nicht besser eine Pause bei ihrer Verhaltenstherapeutin einlegen sollte. Die Überängstlichkeit ihrer Tochter scheint sich verflüchtigt zu haben.

Die dritte Intervention

Erst drei Wochen später erfahre ich, dass Petra seit Monaten nicht mehr die Schule besucht. Manchmal geht sie für ein paar Stunden hin. Sie steht dann gelegentlich mitten im Unterricht auf und verlässt wortlos das Klassenzimmer. Niemand fragt warum, weil alle wissen: Jetzt hat sie wieder eine Panikattacke und braucht frische Luft. Nach einer kurzen oder längeren Weile kommt sie zurück ins Klassenzimmer. Oder sie geht heim. Davon war bislang nie die Rede in Petras Gesprächen gewesen. Davon hat sie keinen Ton gesagt.

Ich beginne mich zu fragen, ob sie mich an der Nase herumführt – aber sie ist mit ihren 13 Jahren doch noch ein Kind! Vielleicht wagt sie es bloß nicht, über ihr Problem zu reden.

Von der verzweifelten Mutter erfahre ich mehr. Die Eltern haben bereits alles Mögliche versucht, damit das Kind in die Schule geht. Sie haben gelockt, gedroht, einmal sogar Zwang angewandt. Einmal haben sie Petra mit Gewalt in das Auto gesetzt. Aber dann hat sie sich geweigert, bei der Schule auszusteigen – und sie mussten das Kind aus dem Auto herauszerren. Das war schrecklich für alle Beteiligten. Das machen die Eltern nie wieder. Sie wollten zwar das Vermeidungsverhalten ihrer Tochter unterbinden – was therapeutisch ein richtiger Schritt wäre, aber so rabiat sollte dies nicht geschehen.

Es bleibt dabei, keiner, nicht einmal die Eltern wissen, wovor das Kind überhaupt Angst hat. Hat sich darüber noch niemand tiefere Gedanken gemacht?

Die vierte Intervention

Beim nächsten Videokonferenz-Gespräch suche ich nach einem möglichen Krankheitsgewinn von Petra. Aber auch davon zeigt sich vorerst nichts. Statt in der Schule zu sein, sitzt sie in ihrem Zimmer, liest oder döst vor sich hin. Ihre Freundschaften werden immer loser, weil sie ohne Schulbesuch kaum mehr Freundinnen trifft. In der Familie ist ihre Schulverweigerung das große Drama, das ihr keine Vorteile einbringt.

Alles um sie herum scheint äußerlich in bester Ordnung zu sein. Petra liebt ihre kleinen Geschwister, macht aber keinen Handgriff im Haushalt, sondern bleibt in ihrem Zimmer hocken.

Ihr Zimmer ist ihr wichtig. Sie wünscht sich, dass es andersfarbig gestrichen wird. Die Mutter reagiert klug und sagt ja, das Zimmer wird neu gestrichen werden, Petra kann sich sogar den Farbton selbst aussuchen. Aber das geschieht erst, wenn sie vier Wochen lang ohne jede Fehlzeit in der Schule gewesen ist.

Petra erklärt sich damit einverstanden. Das schaffe sie leicht, meint sie, geht aber schon am dritten Tag nicht mehr zur Schule.

Der Vater ist völlig hilflos, die Mutter ist völlig hilflos. Manchmal rastet sie aus, tobt und schreit. Danach entschuldigt sie sich dafür. Ein anderes Mal lockt sie, tröstet, wirbt und verspricht Taschengelderhöhung. Aber sie hat keine Chance.

Ich unterstütze den Gedanken der Mutter, in einen Kalender an jedem absolvierten Schultag eine kleine Sonne zu malen. Nach 20 Sonnen soll Petras Zimmer gestrichen werden. Das wäre zwar nur ein Schulbesuch wegen der Aussicht auf Belohnung, also eine typisch verhaltenstherapeutische Idee, aber ich fördere das, denn viel Besseres fällt auch mir nicht ein. Die Anwendung der logotherapeutischen Methode der Paradoxen Intention ist inzwischen zur reinen Lachnummer verkommen, Ein etwaiger Inhalt der Angst des Mädchens lässt sich nach wie vor nicht blicken.

Die fünfte Intervention

Eine Szene irritiert mich. Die verzweifelte Mutter ruft mich früh morgens an mit der Bitte, ich möge mit Petra sprechen. Petra habe Angst und könne deswegen nicht zur Schule gehen. Sie habe sich in ihrem Zimmer eingeschlossen. Das ist eine schwierige Situation. Die Mutter teilt ihrer Tochter mit, ich sei am Telefon und wäre bereit, mit ihr zu reden. Ich höre durch das Telefon, wie die Mutter bittet und bettelt und wiederholt: Wenn Petra mit mir sprechen würde, würde ihre Angst bestimmt verschwinden. Nichts geschieht.

Plötzlich öffnet sich die Türe. Petra will weggehen. Die Mutter hält sie auf und versucht ihr das Telefon zu übergeben, aber Petra brüllt in blanker Aggression: „Lass mich gefälligst hier raus!“ Sie schreit das dreimal extrem laut und böse – die Mutter gibt nach und entschuldigt sich bei mir.

Ich registriere: Mit Angststörung hat *das* nichts zu tun.

Schließlich rate ich der Mutter, sie solle ein ernstes Wort mit ihrer Tochter sprechen. Sie möge ungefähr sagen: „Wir Eltern wünschen uns, dass du in die Schule gehst. Wenn du das nicht willst, dann überlegen wir uns, welche Lehre du in einigen Monaten beginnen kannst, zum Beispiel als Schuhverkäuferin oder als Kellnerin.“ Sie möge dem Kind klarmachen, es habe die Wahl zwischen Schule oder baldiger Arbeitsaufnahme. Petra soll wählen.

Die sechste Intervention

Nach einer Woche kommt ein neuer Termin mit dem Mädchen und ihrer Mutter auf mich zu. Diesmal erklärt Petra, sie habe nur einmal mit Epilette Dummelette gekämpft und den Kampf verloren. Das sei im Fach Mathematik gewesen. Sie hatte wieder eine Panikattacke und musste aus dem Klassenzimmer gehen. Das störe im Unterricht nicht, denn ihre Panikattacken seien in der Schule bekannt. Sie war dann im Freien und hat frische Luft geschöpft. Dieses Procedere unterstützt auch die Schulpsychologin, bei der sie wöchentlich zum Gespräch ist. Aber das war's zum Thema Angst für diese Stunde.

Die Mutter fragt mich, ob Medikamente helfen könnten. Ich bin skeptisch und gebe zu bedenken, dass man bei einem 13jährigen Mädchen gut abwägen muss, wie viel Nutzen oder Schaden Psychopharmaka haben. Vor allem, wenn diese ins noch nicht ausgereifte Gehirn eingreifen. Petra nimmt sowieso immer noch Ritalin, ein Medikament, das gewöhnlich beim Vorliegen eines Hyperaktivitätssyndroms verordnet wird. Eine Indikation, die hier nicht gegeben ist – also wozu?

Hilft ein angstsenkendes Anxiolytikum, will die Mutter wissen – doch auch da winke ich ab. Die Gefahr des Abhängigwerdens ist groß. Auf lange Sicht wäre es viel günstiger, Petra könnte ihre Angst aus eigener Kraft besiegen. Falls sie überhaupt an einer Angsterkrankung leidet ... denn langsam kommen mir diesbezüglich immer stärkere Zweifel.

Ich gebe zu überlegen, ob es wirklich sinnvoll ist, dass das Mädchen so vielerlei therapeutische Unterstützung erhält. Einmal wöchentlich besucht Petra die Schulpsychologin. Ferner geht sie zu einem Therapeuten wegen ihrer Lese-Rechtschreibschwäche. Und dies seit Jahren, obwohl inzwischen längst keine derartige Schwäche mehr feststellbar ist. (Seit wann träumt eine Legasthenikerin davon ein Buch zu schreiben?) Aber Petra mag den Therapeuten. Sie sagt, der motiviere sie immer so nett. Mathematik-Nachhilfe bekommt sie auch, und den jungen Nachhilfelehrer mag sie ebenso. Ihre Verhaltenstherapie läuft schon mehr als zwei Jahre lang ohne den geringsten Erfolg. Ein ganzes therapeutisches Personal kümmert sich wöchentlich um Petra. Immer steht sie im Mittelpunkt, alle sind besorgt und gehen behutsam mit ihr um – das tut ihr vielleicht subjektiv, aber nicht objektiv gut! Zeichnet sich in dieser Hinsicht *doch* ein gefährlicher, weil symptomverstärkender Krankheitsgewinn ab?

Sie sollte stattdessen altersgemäße Dispute mit Freundinnen durchstehen, eine ganz normale Jugendlichen-Welt erleben, und nicht nur empathisch gehätschelt werden seitens der Erwachsenen.

Petra hat inzwischen bei der Verhaltenstherapeutin einen heftigen Schimpf-Anfall produziert. Dieser war so beleidigend, dass die Therapeutin die Therapie für beendet erklärt hat und stattdessen einen Aufenthalt in einer psychosomatischen Klinik empfohlen hat. Die Mutter fragt mich, ob von dort her endlich Hilfe kommen könnte.

Auch das bewerte ich als eher kritisch. Eine Klinik würde die therapeutische Rundum-Versorgung des Mädchens intensivieren. Außerdem könnte Petra dabei noch einiges Problematisches dazu lernen, zum Beispiel wie man Depressionen glaubwürdig darstellt. Sollte es sich bei ihr wirklich um eine Angsterkrankung handeln und nicht nur um ein vorgeschobenes, einstudiertes Verhaltensmuster, kämen wir nämlich mit dem Epilette Dummelette -Weg gut durch.

Ich hege allerdings immer stärkere Zweifel an der Richtigkeit dieser diagnostischen Einschätzung. Der Inhalt von Petras Angsterkrankung ist nirgends greifbar. Es muss sich jedoch bald etwas an der Sachlage ändern, denn sonst gewöhnt sich Petra an Automatismen von unechten und lediglich behaupteten Gefühlszuständen, die praktischerweise immer dann eintreten, wenn sie dies will und für ihre Zwecke brauchen kann – und eines Tages könnten sie auch eintreten, wenn sie dies nicht will.

Die siebente Intervention

Petra war wieder bei der Schulpsychologin, die ihr vorschlug, sie solle wenigstens am Mittwoch „für den Französischlehrer", den das Mädchen gut leiden kann, in der Schule bleiben. Ich registriere, dass auch der Schulpsychologin nicht mehr viel einfällt.

Noch plage ich mich weiterhin mit Fragen über Gründe und Details von Petras sogenannten Angstattacken ab, bemühe mich, ihren gesunden Trotz und Widerstand zu generieren, aber nichts verfängt. Sie will sich viel lieber mit Epilette-Dummelette-Spielchen amüsieren.

Einmal greife ich die Ankündigung der Mutter auf, dass Petra nach vier Wochen durchgehendem Schulbesuch ein neu gestrichenes Zimmer bekommen soll. Wie wäre es, wenn sie endlich anfinge, Sonnen in ihrem Kalender zu sammeln? Bedauerlicherweise motiviert auch das Petra inzwischen kaum mehr. Das ist eben die Krux der Verhaltenstherapie: In Aussicht gestellte Belohnungen müssen ihre Zugkraft behalten, um zu wirken, und die verebbt leider rasch.

Was Petra dagegen cool findet, ist ein neuer Vorschlag der Mutter. Der besagt, dass Petra sich etwas im Kaufhaus aussuchen darf, wenn sie einen ganzen Tag nonstop Schule durchhält. Das gefällt ihr besser, das macht sie jetzt manchmal.

Arme Mutter! Will sie Normalverhalten ihrer Tochter erkaufen? Immer wieder kontaktiert mich die Frau und gesteht, dass sie öfters ausrastet, wenn Petra ihr schon beim Aufwachen verkündet, sie könne heute wieder nicht zur Schule gehen, weil sie nachts eine Panikattacke gehabt habe. Die Mutter schimpft dann, aber Petra setzt sich durch und brüllt bloß: „Keiner versteht mich."

Die achte und neunte Intervention
So geht das holpernd durch zwei weitere zähe Therapiestunden. Ich verfolge unbeirrt die Strategie, das Kind bei Laune zu halten in der Hoffnung, dass Petra entweder mit etwas rausrückt, was ihre Not verstehbar macht, nämlich wovor sie sich fürchtet – oder dass sie mit Hilfe der Methode der Paradoxen Intention in eine Überwindung ihrer grundlosen Ängste hineinwächst.

Aber Petra schaut süffisant zu, wie ich mich als Therapeutin abplage, lächelt darüber, beobachtet mich und sagt kaum etwas. Sie nimmt unsere Therapiegespräche keinesfalls als irgendeine Chance für sich selbst wahr. Manchmal lacht sie offen über mich, manchmal zählt sie triumphierend stattgefundene Panikattacken auf. Die Therapiestunden scheinen inhaltlich keine Bedeutung für sie zu haben – aber sie hält an ihnen fest, weil sie ja (angeblich) angstkrank ist. Unsere Therapiegespräche sind sozusagen der Beweis für ihre Krankheit. Und ohne in professioneller Behandlung zu sein, ginge ihr Verhalten in der Schule auch nicht mehr durch.

Altklug beurteilt sie mich und die von mir angewandte Therapiemethode. Die hält sie für eine überaus lustige Therapie. Aber kooperieren, etwa sich die Angst spöttisch-souverän herbeizuwünschen und Ähnliches – nein, das ist nicht ihr Ding. Das will sie nicht. Während unserer Sitzungen beobachtet sie ihre Uhr genau: Sie beendet jede Therapiestunde exakt auf die Sekunde mit den Worten: „Jetzt ist die Therapie vorüber" – auch wenn ich mitten in einem Satz stecke.

Die zehnte Intervention

Petra ist 13 – was soll man sich über eine pubertierende Jugendliche ärgern? Sie kann einem leidtun, denn Hilfe braucht sie auf jeden Fall. Es fragt sich nur, welche. Wenn ich ein Resümee nach den wochenlangen Gesprächen ziehen müsste, dann bliebe es dasselbe wie nach meiner ersten Begegnung mit ihr. Sie stammt aus einer intakten, liebevollen Familie. Sie kann nicht sagen, wovor sie Angst hat. Sie weiß nicht, womit die Angst ihr droht. Die Angst enthüllt sich nicht, sie kommt und geht, ohne sich zu verringern. Eine leibhaftige Panikattacke hat noch niemand an Petra miterlebt, sie erzählt bloß eindringlich davon. Was, wenn es nicht stimmt? Wenn alles ein Lügengewebe ist?

Einmal behauptet Petra, dass sie Angst vor engen Räumen habe. Ich entgegne: „Du bist doch nie in engen Räumen!“ Sie horcht auf, merkt, dass sie einen Fehler gemacht hat, und korrigiert sich sofort: Es könnte ja sein, dass die Jungs in der Schule irgendwann die Türe zuhalten würden.

Vielleicht war dies der letzte entscheidende Punkt, der für mich belegte, dass sämtliche Angsterzählungen der Patientin durch und durch erschwindelt sind. Sie muss mir angesehen haben, dass ich es in diesem Moment endgültig verstanden habe, denn sie beharrt auf ihrer übergroßen Angst und redet und redet. Sie suche sich ihre Angst ja nicht aus. Die komme plötzlich. „Aber nie in der letzten Schulstunde, denn da lohnt es sich nicht mehr.“

Damit ist es heraus. Sie bekennt selbst, dass sie die Angstlegende benutzt, *wenn sie glaubt, es lohnt sich.* Alles, was sie mir von ihren Attacken berichtet hat, war nichts als repetiertes bruchstückhaftes Lehrbuchwissen von Angststörungsbeschreibungen. Vermutlich hat sie sich dieses Wissens in den zwei Jahren ihrer absolvierten Verhaltenstherapie und bei der Schulpsychologin angeeignet. Eine echte Therapie bzw. ein Gesund-Werden war nie ihr Vorhaben gewesen.

Haben wir ein lustiges Thema wie das Parodieren der Angst besprochen, schüttelte sie sich vor Lachen. Aber natürlich wollte sie nie eine Lehre oder Hilfe gegen ihre (nicht vorhandene) Angst daraus ziehen. In diesem Kontext beendete sie auch jede Therapiestunde sekundengenau. Für sie galt dann: „The game is over!"

Jetzt, in diesem Moment meiner Erkenntnis ist auch ihr Spiel mit meiner Therapie zu Ende. Überdeutlich steht das Faktum im Raum, dass Petra alle Beschwerden nur vorgegaukelt hat. Sie spielte mit mir, sie spielte mit ihrer Mutter und mit ihrem Vater. Sie benutzte mich, wie sie die Verhaltenstherapeutin und die Schulpsychologin benutzt hat. Sie allein bestimmt, wann und wie lange sie im Unterricht bleibt. Sie genießt es, wenn viele Leute sich um sie sorgen und um sie herumschwirren, die Therapeuten, die Eltern, die Lehrer, der Nachhilfelehrer, die wichtigen Personen ihres näheren Umfeldes. Wenn es ihr passt, erzählt sie, dass sie eine Panikattacke hatte. Bei eventuellem Stirnrunzeln kommt schnell das Argument, dass keiner sie verstehe. Und alle kuschen. Denn wenn sie wirklich so krank und psychisch lädiert ist, wie sie vorgibt, dann muss man auf das arme Kind Rücksicht nehmen und nachsichtig sein.

Verflixt, sie ist tatsächlich ein armes Kind, wenn auch auf andere Art!

Was macht man da?

In meiner Patientenkartei steht ab sofort: ICD-10: F 68.1, das heißt: Artifizielle Störung (absichtliches Erzeugen oder Vortäuschen von körperlichen oder psychischen Symptomen oder Behinderungen).

Die elfte Intervention

Ich habe einen schweren Gang vor mir und bitte Petras Mutter um ein Gespräch. Ich muss ihr mitteilen, dass ihre Tochter keinerlei Angsterkrankung hat, sondern dass sie nur eine Show abzieht, um Lehrer, Eltern und Therapeuten wie Marionetten an ihren Fäden tanzen zu lassen.

Ich bin auf Protest gefasst und rechne mit einer heftigen Auseinandersetzung – aber es wird überraschenderweise ein gutes Gespräch. Die Mutter versteht sofort und bittet mich, den Sachverhalt auch ihrem Mann darzulegen, was ich gerne tue. Der kann es nicht fassen. Dann überlegen wir gemeinsam, wie die Eltern jetzt vorgehen sollen.

Das Ergebnis unseres Nachdenkens lautet: Am besten wird ein konsequentes Ignorieren der vorgespielten Angstsymptome diese zum Schrumpfen bringen. Hysterisch berechnendes Verhalten darf nicht fruchtbringend sein! Wichtig dabei ist, dass beide Eltern ihr Kind nach wie vor lieben. Diesbezüglich darf es keine Einschränkung geben. Aber die narrativen Inszenierungen ihrer Tochter sollen die Eltern künftig nicht mehr beachten.

Dazu nenne ich als Beispiel, dass ich es äußerst fragwürdig finde, dass die Familie nur wegen Petra von Berlin zurück nach Erlangen gezogen sei, was mir Petra immer wieder versichert hat, um die Dramatik ihrer Angstattacken zu unterstreichen. Der Vater ist entsetzt. Er erklärt, dass der Umzug eine rein berufliche Entscheidung von seiner Firma her gewesen ist. Aber Petra interpretierte den Umzug offenbar als den Anfang ihres enormen Einflusses auf ihre Eltern: Mittels ihrer Angstlegende war *sie* es, die die Erwachsenen manipulieren konnte! Der Umzug war ihr Meisterstück, indem sie die ganze Familie dazu gebracht hat, die von ihr ungeliebte Stadt wieder zu verlassen. Was für eine Macht für das damals 12jährige Mädchen!

Die Eltern kommen nicht darum herum, ihrer Tochter entschieden zu sagen: In Deutschland herrscht Schulpflicht. Wenn sie diese nicht einhält, kommt eines Tages jemand vom Jugendamt. Dann muss sie vielleicht in ein Heim oder in eine Klinik übersiedeln. Das ist nach sechs Monaten fast ohne Schulbesuch schon in greifbarer Nähe. Die Eltern werden sie ganz klar mit dieser Aussicht konfrontieren. Petra soll ihr weiteres Vorgehen vernünftig planen.

Die zwölfte Intervention

Zwei Wochen später will Petra erneut einen Termin bei mir. Das erstaunt mich, und ich bin gespannt, was auf mich zukommt.

Sie erzählt mir, dass sie jetzt wieder regelmäßig zur Schule geht. Das freut mich und erstaunt mich noch mehr. Sie sagt, ja, das macht sie, denn die Eltern hätten einen Termin bei dem Direktor der Schule gehabt. Dort wäre den Eltern vermittelt worden, entweder sie besuche wieder den Unterricht oder sie müsse die Schule verlassen.

Petra sagt, das sei okay, dann gehe sie eben wieder hin. Das sei auch besser, weil damit der Stress mit ihrer Familie wegfiele.

Außerdem hätte sie ihre beste Freundin sonst vielleicht verloren.

Schmunzelnd sagt sie: „Jetzt im Sommer ist das angenehm, aber im Winter, wenn es draußen kalt ist, kann ich vielleicht eine Winterdepression kriegen. Vielleicht kehrt dann auch die Angst zurück."

Ich erwidere, dass es eine „Winterdepression" als klinische Diagnose gar nicht gibt. Und die Angst kommt sowieso immer nur dann, wenn *sie es will.* Wenn *sie es nicht will,* kommt die Angst auch nicht. Das hat *allein sie* in der Hand, und das wissen inzwischen alle Beteiligten.

Ich sage es ihr ganz deutlich und schaue ihr dabei in die Augen: „Du und ich, wir beide wissen, dass deine Angst nur dann da ist, wenn du sie für irgendwelche Vorteile brauchst. Aber diese Vorteile sind bloß scheinbare und stellen sich langfristig als Nachteile heraus!"

Das kommentiert sie nicht, sie nimmt es lächelnd zur Kenntnis.

Ich fange an, mit ihr über ihre Zukunft zu sprechen, und darüber, dass es wichtig für das spätere Leben ist, welche Abzweigungen man in der Jugend nimmt. Schulbesuch oder Schulverweigerung sind solche wichtigen Abzweigungen mit erheblichen Folgen. Sie wischt das schnell vom Tisch und meint, sie habe ja schon eine Abzweigung genommen. Für nächstes Jahr habe sie sich das leichtere Wahlpflichtfach ausgesucht, in dem sie nicht so viel lernen muss. Außerdem hat sie dann eine Wochenstunde weniger Unterricht.

Und der Mathematiklehrer habe Mitleid mit ihr, weil sie „so oft Angst bekommt", deswegen schafft sie das Fach Mathematik heuer sicher mit Leichtigkeit. Fast muss man mit dem Lehrer Mitleid haben, weil er sich von dieser Schülerin so geschickt um den Finger wickeln lässt, aber ich halte meinen Mund.

Das Thema Angst sei für Petra abgeschlossen, erklärt sie großspurig. Einen (für sie zweckdienlichen) Rückfall schließt sie jedoch nicht aus.

Ich betone erneut: „Das hängt allein davon ab, ob du einen Rückfall haben willst." Sie grinst und schweigt.

Die dreizehnte Intervention

Über das Thema „Angst" spricht Petra jetzt nicht mehr. „Spaß haben ist viel toller", sagt sie. Sie geht manchmal Babysitten, das macht ihr Spaß. Ich greife das auf und frage, ob sie sich vorstellen könne, vielleicht eines Tages mit Kindern zu arbeiten. Sie lacht mich aus. Schauspielerinnen haben doch nichts mit Kindern am Hut, das sollte ich ja wohl wissen. Und sie wird später Schauspielerin werden. Nun, dieser Beruf würde ihr wahrhaftig liegen, denke ich insgeheim.

Ich frage, ob das neue Wochenprogramm nicht zu viel für sie ist. Sie hat weiterhin Nachhilfe in Mathematik. Neuerdings kommen der Besuch einer Messdienergruppe und das Babysitten dazu. Außerdem hätte sie ja einiges nachzulernen. Wiederum lacht sie. Das sind doch alles spaßige Sachen, denn ihre Betreuer motivieren und unterstützen sie dabei. Sie findet es gut, wenn was los ist. Ihr Leben ist so voll geworden, dass es keinen Platz mehr für Angst darin gibt, sagt sie.

Na dann, mach's gut, Petra!

Hilfe, ich kann nicht mehr aufhören!

Präambel

Es gibt ein seelisches Krankheitsbild, das wie kaum ein anderes nur zu kurieren ist durch einen extrem schmerzlichen Verzicht, und das ist die Sucht. Man kann therapeutisch versuchen, den Kranken diesen schmerzlichen Verzicht so schmackhaft und leicht wie möglich zu machen, man kann ihnen hundert perfekte Argumente dafür aufzählen, und man kann sogar ein Netz von „motivierendem Druck" um sie herum aufbauen – aber leisten müssen die Kranken diesen Verzicht selbst. Und wenn sie es nicht tun bzw. den Verzicht nicht auf Dauer durchhalten, dann ist ihnen nicht zu helfen. Nicht mit Worten, nicht mit Pillen und leider auch nicht mit den grauslichen Konsequenzen, die das Leben für alle Süchtigen bereithält. Dann sind sie mit Haut und Haaren oder besser gesagt: mit Leib und Seele dem Suchtübel verfallen.

Das Kernproblem dabei ist, dass die Sucht das Gehirn des Menschen in steigendem Maße affiziert, und dies nicht nur im biologisch schädigenden Sinne wie beim Alkohol- oder Drogenmissbrauch. Sie überlistet das Gehirn, das Suchtmittel immer wieder heftig zu wollen. Aber einzig mit starker Willenskraft kann dem Suchtmittel getrotzt werden. Das heißt, just das Werkzeug Wille, das man zur Suchtbekämpfung braucht, wird durch die Sucht zunehmend außer Gefecht gesetzt.

Dabei ist es theoretisch (nur leider nicht auch praktisch) bei der Alkohol- oder Drogensucht noch relativ einfach, den Verzicht zu leisten, wenn man sich wirklich dazu entschlossen hat. Man lässt das Suchtmittel weg und ist gerettet. Es gibt jedoch Süchte, bei denen man das Suchtmittel *nicht* weglassen kann, zum Beispiel die Esssucht oder die Medikamentensucht. Bei solchen Süchten ist der Konsum des Suchtmittels *einzuschränken*, und das erfordert noch etliches mehr an Willenskraft als ein radikaler Verzicht. Das Gehirn darf sozusagen manchmal wollen und manchmal nicht, und das bringt es in Konfusion. Jeder abstinente Raucher weiß darüber Bescheid: Aufhören ist zu schaffen, aber die Limitation auf zwei Zigaretten pro Tag ist langfristig kaum zu stemmen.

Zu einer Mischform mit diesen besonders schwer zu überwindenden Süchten gehört u. A. die Spielsucht. Freilich kann man auf jegliche Geldspiele ausnahmslos verzichten, aber seit der Erfindung von

Cyberspace und Internet sind diese Spiele meistens mit dem Besitz eines Smartphones verknüpft. Und heutzutage kann man von den Kranken nicht verlangen, auf Dauer ohne Smartphone auszukommen. Kaum haben sie es aber in der Hand, öffnet die Spielsucht wieder ihren Schlund. Um sie davor zu bewahren, muss man sich allerlei therapeutische Konstrukte ausdenken.

Fallgeschichte

Vorgeschichte

Robert war 35 Jahre alt, als er zu mir kam. Ein freundlicher Mann mit gewinnendem Wesen. Er hat sich auf langes Bitten seiner Frau auf einen Besuch in meiner Praxis eingelassen.

Er und seine Frau hatten jung geheiratet und waren glückliche Eltern von zwei Buben, die zwei und vier Jahre alt waren. Seine Frau stammte aus einer kleinen Bäckerei, die ihrem Vater gehörte. Der Vater war allerdings schwer erkrankt, so dass sie den Familienbetrieb mit ein paar Mitarbeitenden allein führen musste. Als Einzelkind kannte sie die Bäckerei von früh auf und hatte eine große Liebe zu der Arbeit zwischen Teigherstellung und dem Umgang mit den Kunden entwickelt. Sie führte die Angestellten geschickt, arbeitete selbst sehr hart und war erfolgreich.

Robert war einst in ihrem Betrieb angestellt gewesen. Sie verliebten sich und heirateten. Beide waren vom Fach, bildeten ein Team, vergrößerten das Brotsortiment und erschlossen einen neuen Kundenkreis. Alles schien perfekt zu sein, wie im Bilderbuch.

Vor vier Jahren jedoch begann ihre Beziehung zu bröckeln. Robert hatte angefangen, Glücksspiele im Internet zu spielen. Eines Tages überraschte ihn seine Frau dabei im Büro und empörte sich darüber. Danach verlegte Robert sein Spielen komplett auf sein Handy, das immer zur Hand und leicht zu verbergen war. Robert spielte, wenn er Pausen hatte und sich langweilte. Genauso spielte er, wenn er sich im Stress befand und sich zehn Minuten Auszeit gönnen wollte. Er verbarg dies alles vor seiner Frau; manchmal stand er sogar nachts auf, wenn sie schlief – und spielte.

Robert wurde fahrig und nervös und begann mit dem Rauchen. Gesellige Treffen mit Freunden wurden seltener, das Miteinander in der Ehe wurde anstrengender. Es dauerte nicht lange, bis sich das Drama zusammenballte. Eine Verkäuferin ertappte Robert dabei, wie er Geld aus der Ladenkasse stahl.

Es gab einen Riesenkrach mit seiner Frau, bei dem herauskam, dass Robert keinen Cent mehr auf seinem eigenen Konto hatte. Mehr noch, er hatte Tausende Euros an Spielschulden aufgehäuft. In einer Schuhschachtel hatte er Mahnungen und Inkasso-Schreiben versteckt. Es gab stundenlange Gespräche zwischen den beiden und viele Tränen flossen.

Robert versicherte, das kostenpflichtige Spielen sein zu lassen. Die Eheleute starteten einen neuen Anfang. Roberts Frau zahlte Tausende Euros, um seine Spielschulden zu decken, und die beiden versprachen sich in die Hand, dass ab jetzt alles wieder gut werden würde.

Monate später kam Robert leicht verletzt nach Hause und erzählte, dass er mit den Bäckerei-Einnahmen auf dem Weg zur Bank überfallen worden sei. Auto und Geld seien weg. Das gemeinsame Bedauern über diesen Schicksalsschlag war kurz, denn Polizeirecherchen ergaben bald, dass der Überfall fingiert und die Verletzungen Roberts von ihm selbst erzeugt worden waren. Es kam zu einem Gerichtsprozess. Die Entlassung Roberts aus der Bäckerei war zwangsläufig. Jetzt war er vorbestraft.

In der Ehe gab es heftige Zerwürfnisse, aber beide kämpften um ihr Miteinander, nicht zuletzt um der beiden Kinder willen. Es waren noch Fünkchen von Liebe zwischen ihnen vorhanden. Robert versprach unter Schwüren, nie wieder spielen zu wollen. Seine Frau glaubte ihm – was wäre auch die Alternative gewesen?

Ein großer Getränkemarkt stellte Robert als Lagerarbeiter an. Es gab neue Hoffnung, und eine Zeitlang lief alles fast wieder wie früher. Aber schließlich lagen im Briefkasten in immer kürzeren Abständen Inkasso-Schreiben, die davon zeugten, dass Robert erneut spielte. Alles von seinem Besitz, das einigermaßen Wert besaß, war längst verkauft: seine teure Sportausrüstung, seine Uhr, sein Motorrad. Er besaß keinen Cent mehr, hatte Schulden in unglaublicher Höhe, dazu nicht bezahlte Kredite von in- und ausländischen Banken. Seine Frau hatte im Lauf der Monate zwar immer wieder Mahnschreiben für ihn bezahlt (auch das ergab in der Summe erneut Tausende Euros), aber schlussendlich waren auch ihre finanziellen Möglichkeiten erschöpft. Ein Ehevertrag schützte zwar die Frau vor dem Zugriff des Mannes auf ihr Konto, aber die vierköpfige Familie lebte ausschließlich von dem Geld, das sie verdiente.

Ein fruchtloser Klinikaufenthalt

Es blieb keine andere Wahl mehr: Robert musste in eine Klinik für Spielsüchtige eingewiesen werden.

Dort blieb er drei Monate. Die Ärzte beließen ihm seltsamerweise sein Smartphone – und daher spielte Robert auch in der Suchtklinik weiter, die Therapiegespräche nahm er gar nicht ernst. Als er aus der Klinik kam, spielte er ohne Unterbrechung weiter. Seine Frau war am Verzweifeln.

Weil es finanziell für die kleine Familie extrem bedrohlich wurde, dachten sich die Eheleute ein Schutzsystem aus. Robert übergab die Kontrolle über sein Geld seiner Frau. Er bekam von ihr kleine Geldbeträge, für deren Verwendung er Belege vorweisen musste. Wenn er also Geld für Zigaretten oder Benzin brauchte, musste er nachher seiner Frau Kassenzettel überreichen, die bewiesen, wofür er das Geld ausgegeben hatte.

Was jeder Erwachsene als Entwürdigung betrachtet hätte, nämlich über weniger Geld verfügen zu dürfen als ein Kind, das wünschte Robert selbst zum Schutz vor seiner Spielsucht. Er gab zu, dass er anfangs rebelliert hatte, als er dies zähneknirschend mit seiner Frau vereinbart hatte. Aber ihm war klar, dass er so einen Schutz brauchte, denn er würde jeden Euro verspielen, den er nur kriegen konnte. Deshalb musste er sich selbst quasi auf Null setzen.

Das Erstgespräch

Dies alles erzählten mir die beiden, als sie gemeinsam bei mir saßen. Ich sprach mit ihnen über das Thema Sucht. Sucht ist nicht primär eine Abhängigkeit vom Suchtmittel, sondern primär eine Abhängigkeit von einem angenehmen Gefühl, das man mit einem bestimmten Suchtmittel herstellt. Der eine verwendet zu diesem Zweck Alkohol, der andere Drogen, Robert das Glücksspiel. Er bejahte das sofort; genau so war es bei ihm. Ihn lockten der Kick, das Hochgefühl, die Spannung, die Gelegenheit, einen großen Gewinn einzuspielen. Das ließ ihn im Handumdrehen alles andere vergessen: alle Sorgen, jede Überforderung, die Langeweile, den Ärger und Frust. Robert hatte gespielt, während seine Frau lange im Büro saß und wenig Zeit für ihn hatte. Er hatte aber auch gespielt, als sie schlief, und sogar im fröhlichen Urlaub mit den Kindern. Er hatte immer gespielt und sich damit aus der jeweiligen Realität herauskatapultiert.

Ihm ging es schlecht bei der finanziellen Vereinbarung mit seiner Frau. Er konnte seinen Kindern nicht einmal eine Tüte Eis kaufen. Er besaß buchstäblich nichts und hatte riesige Schulden. Wenn eine Schachtel Zigaretten leer geraucht war, musste er zu seiner Frau betteln gehen, um sich eine neue kaufen zu können. Aber er wusste, er würde sich mit jedem verfügbaren Geldbetrag sofort eine Prepaid-Karte für sein Smartphone kaufen und erneut zu spielen beginnen.

Ohne Geld zu leben, fiel ihm sehr schwer, aber er wollte in sein früheres Leben zurückkehren. Er wollte wieder ein verlässlicher Partner für seine Frau und ein guter Vater für die beiden Söhne sein, auf die er stolz war. Er gab zu, dass er sich stets selbst verachtet hatte, wenn er spielte und alle ihm nahestehenden Personen austrickste, wenn er stahl und log. So wollte er im Grunde gar nicht sein.

Fachlicher Einschub

Aus Sicht der Neuropsychopathologie ist hier ein faszinierendes Phänomen beobachtbar, nämlich dass der Wille der (geistigen) Person nicht identisch ist mit dem, was ihr Gehirn „will“. Dass folglich *die Person mehr ist als ihr Gehirn*, was – weitergesponnen – angesichts der Störbarkeit und Sterblichkeit des Gehirns ungemein tröstlich ist.

Wie in der Präambel angedeutet, zwingt jede Sucht das „Wollen“ des Gehirns unter seine Herrschaft. Das Gehirn, bei Tier und Mensch für Gefühle und Verstand zuständig, „will“ plötzlich nicht mehr, was Tier und Mensch bekömmlich und zuträglich ist, sondern will das schädliche Suchtmittel und nichts als das Suchtmittel. Die Person sträubt sich dagegen, braucht aber für die Durchsetzung dessen, was sie „eigentlich will“, die Kooperation mit ihrem Gehirn, und da hakt die Geschichte. Die Person ist zwar *mehr* als ihr Gehirn, aber Zeit ihres Lebens in Personalunion mit ihrem Organismus verbunden und auf diesen angewiesen. So kommt es zu dem Schrecken erregenden Zwiespalt, in dem sich Robert soeben befand. Gefühlsmäßig tendierte er heiß und innig zum Weiterspielen, verstandesmäßig kannte er sämtliche legalen und illegalen Register der Geldbeschaffung, die es überhaupt noch gab, aber geistig missfiel ihm sein Selbst, zu dem er geworden war, vom Scheitel bis zur Sohle.

Weitere Gespräche

Robert kam in den nächsten Wochen ein paar Mal zu mir. Es ging ihm vorrangig um Partnerschaftsprobleme, denn die Ehe mit seiner Frau knirschte im ständigen Auf und Ab. Da gab es zwar die einstige große Liebe, aber auch die große Enttäuschung. Seine Frau hatte ihm klipp und klar gesagt, sie liebe ihn zwar noch, aber sie ertrage seine Spielsucht nicht mehr. Sie würde sich von ihm trennen, wenn er die Sucht nicht besiegen könne.

Robert nickte dazu – er hasste sich selbst, weil er so abhängig war.

Trotzdem schien alles gut zu laufen, bis Robert einen Termin bei mir absagte, weil er eine Extraschicht für einen kranken Kollegen übernehmen musste. Ab da hörte ich nichts mehr von ihm.

Therapiefortsetzung

Erst Monate später meldete sich seine Frau telefonisch bei mir. Sie war besorgt, weil Robert nachts oft aufstand und unruhig war wie zu Zeiten seiner Spielsucht. Außerdem war ein Nachbar bei ihr aufgetaucht und hatte 500,- € verlangt. Die hatte sich Robert von ihm geliehen und nicht mehr zurückgebracht. Die Frau ahnte das Schlimmste und fragte, ob sie wieder gemeinsam mit ihrem Mann zu mir kommen dürfe.

Diesmal knisterte geradezu die Luft zwischen den beiden. Die Frau empörte sich über die 500,-€, die sie gezahlt hatte, und schimpfte, dass ihr Mann längst keine Belege mehr bei ihr abgebe, um zu zeigen, was er mit seinem Geld mache. Sie habe sich sein Konto angeschaut: Nicht ein Euro sei darauf, obwohl er viele Doppelschichten absolvierte.

Robert jammerte, dass er in dem Getränkemarkt ausgenutzt werde bzw. dass immer er es sei, der für Notfallschichten eingeteilt werde. Dass er auch einmal eine Pause brauche.

Da fragte ich ihn direkt: „Spielen Sie wieder?“

Robert senkte den Blick: „Ja“.

Seine Frau reagierte geschockt. „Warum sagst du mir das nicht? Ich habe dich hundertmal gefragt! Warum sagst du das erst hier?“

Robert antwortete: „Vor der Therapeutin kann ich es eingestehen, die verlässt mich ja nicht – aber Du verlässt mich vermutlich, wenn du es weißt.“

Ich hoffte, die sich anbahnende Katastrophe zu dämpfen, indem ich erklärte, dass Lügen gewöhnlich Teil der Sucht seien, also Teil und Symptom der Krankheit. Fast jeder Süchtige lüge, weil er sich schäme, wenn sein Fehlverhalten ans Licht komme. Ein Fehlverhalten, das er selbst nicht gut findet, dem er aber dennoch unterliegt.

Der wahre Robert wolle bestimmt aufrichtig sein, aber die Sucht habe ihn fest in den Klauen. „Sie schämen sich?“, frage ich ihn. Er bejahte sofort.

„Die Scham ist das Beste an Ihnen“, unterstrich ich. „Je größer die Scham, desto eher können Sie sich von Ihrer Sucht distanzieren. Die Sucht ist wie ein Raubtier in Ihnen. Eine Zeitlang haben Sie den Kampf gegen dieses Raubtier gewonnen, aber jetzt hat die Sucht wieder Oberhand bekommen. Sie müssen lernen, dieses Raubtier zu dressieren und klein zu halten. Ich schlage vor, dass Sie sich wegen Ihres Rückfalls wieder in die Klinik begeben. Diesmal sollten Sie die Therapien dort ernsthaft mitmachen. Sie brauchen diese Hilfe.“

Roberts Nein kam auf Anhieb. Nein, nie mehr in die Klinik! Es habe ihm das Herz gebrochen, seine Kinder monatelang nicht zu sehen. Das schaffe er kein zweites Mal.

Ich erklärte geduldig, dass er praktisch keine andere Chance habe.

Aber Robert blieb stur. Nein, er könne nicht garantieren, was er dann tue. „Was soll das heißen?“, hakte ich nach. Ist das eine Drohung mit Suizid? Die Drohung eines Verbrechens an Frau oder Söhnen? Na, wenn das seine große Zuneigung zu den Kindern sei, dann ist es damit nicht weit her! Umgedreht wäre es vielmehr richtig: Gerade *wegen der Kinder* müsse er noch einmal in die Klinik!

Nein, das könne er kein zweites Mal. Auch das herzliche Flehen seiner Frau konnte ihn nicht umstimmen.

Nun, mit Zwang in die Klinik … unter diesen Umständen verspricht die Therapie kaum Fortschritte. Aber was sonst?

Es folgte ein langes gemeinsames Überlegen und Abwägen. Schließlich gelangten wir zu folgendem Ergebnis:

1. Roberts Smartphone muss weg. Es ist das verleitende Medium für seine Sucht.

2. Robert sucht sich eine andere Arbeitsstelle, bei der er sich weniger ausgenützt fühlt.

3. Robert reaktiviert den Plan, den er vor Monaten freiwillig mit seiner Frau ausgeheckt hat. Demnach führt seine Frau künftig sein Konto, und er bekommt von ihr nur Geld gegen Belege, die er ihr übergibt. Er muss sowieso Privatinsolvenz beantragen, denn er ist restlos überschuldet. Ständig treffen neuen Geldforderungen bei der Familie ein.

Ich versicherte der Frau: Wenn ihr Mann dieses Vorhaben durchhält, ist er ein Held. Wenn jemand sich aus gutem Grund selbst finanziell entmündigt, dann ist das überaus achtenswert.

Aber das alles gilt nur für den Anfang. So ist es auch beim Alkoholiker, der zunächst einmal nichts Alkoholisches mehr trinken darf und von sämtlicher Versuchung ferngehalten wird. Ziel ist es jedoch, dass ein Alkoholiker eine Weinflasche im Regal stehen sehen kann – und sie ihn nicht interessiert. Das wäre auch ein ähnliches Ziel für ihren Mann: Er muss eines Tages wieder mit Geld hantieren, wieder ein Smartphone besitzen können, ohne dass etwas Tragisches passiert.

Es ist auch keine günstige Konstellation für eine Ehe, wenn ein Partner langfristig und rigoros die finanzielle Kontrolle über den anderen ausüben muss.

Ich erzählte Robert vom Procedere der Entgiftung, des Entzugs und der Entwöhnung bei der Alkoholsucht. Wenn wir einen analogen Maßstab auf seine Spielsucht anlegen, wie schmerzintensiv und schwierig würde er dann seine „Entgiftungsphase" einschätzen? Wie lange werde er dafür brauchen?

Er meinte: drei Monate. Gut, sagte ich, das gilt. Drei Monate ohne Handy und ohne Bargeld – als Entgiftung. Und das hoffentlich auf einer neuen Arbeitsstelle. Aber Achtung, das ist nur der erste Schritt. Und wenn er den nicht schafft, muss er unweigerlich zurück in die Klinik.

Ich wusste, seine Ehefrau würde ihn bei seinem Vorhaben unterstützen und betonte, dass er in dieser Hinsicht ein enormes Glück habe. Er müsse sich tapfer der selbst gewählten Herausforderung stellen. Seine beiden Buben sollten an ihm sehen, wie schön ein Leben frei von Sucht ist.

Die erneute Klinikeinweisung

Es folgten mehrere Termine, um die geplanten drei Monate der selbst verordneten „Spielsucht-Entgiftung“ therapeutisch zu flankieren.

Der Schwung des Anfangs verebbte jedoch leider allzu bald. Robert behielt sein Smartphone. Er redete ständig davon, es demnächst aufzugeben, aber das zog sich hin. Er kündigte seine alte Arbeitsstelle. Die Suche nach einem neuen Job verlief nicht erfolgreich. (Was ein Fehler war. Besser ist es, man sucht sich erst eine neue Arbeitsstelle, bevor man die alte kündigt.)

Schließlich vergaß er, die Belege abzugeben und verspielte wiederum jeden Euro, an den er herankam. Dazu gehörten auch viele hundert Euro, die ihm sein Vater für die Enkelkinder zugesteckt hatte. Roberts Ehe wackelte immer mehr, weil seine Frau ihm inzwischen permanent misstraute, was zum größten Teil berechtigt, zu einem kleineren Teil übertrieben war. Letzteres kränkte ihn. Seine Frau plante die endgültige Trennung und hatte sich schon vorsorglich von einem Anwalt beraten lassen. Die letzten Jahre seien zu schwer für sie gewesen, jetzt könne sie nicht mehr, wie sie mir erklärte.

Ich riet Robert eindringlich zu einem Klinikaufenthalt. Ein solcher könne jetzt nicht mehr warten, seine ganze Familie war in Gefahr. Über eine Notaufnahme gelang es auch relativ zeitnah, und Robert gab seinen Widerstand auf. Seine Frau bestand diesmal beim Klinikantritt darauf, dass er sein Smartphone zu Hause ließ. Da blieb sie klugerweise hart.

Begleitung der Ehefrau

Während Robert in der Klinik war, bemühte ich mich, seine Frau therapeutisch aufzufangen. Wir sprachen über die guten Jahre ihres Eheglücks mit Robert, und darüber, wie vieles Roberts Spielsucht zu großem Kummer und Leid hatte werden lassen. Das Vertrauen der Frau zu ihrem Mann war grundlegend infrage gestellt worden. Ihre Kraft zu hoffen war erschlafft, sie war zu oft betrogen worden. Sie hatte einen wahren Passionsgang hinter sich: Hinfallen, wieder aufstehen, wieder hinfallen, es noch einmal versuchen aufzustehen, neuerlich enttäuscht werden, wieder an Versprechungen glauben, die nicht eingehalten wurden – und dies über Jahre.

Außerdem wusste sie nicht, wie sie ihre Gesamtsituation meistern sollte. Sie musste die Bäckerei am Laufen halten, und allein dazu reichten acht Stunden am Tag schon nicht aus. Ihr Vater war krank. Weil ihre Mutter ihren Vater pflegte, konnte sie nur sehr begrenzt den kleineren Enkelsohn hüten. Also musste die Frau sich auch um ihre Kinder, insbesondere um den älteren Sohn, kümmern. Sie musste die eigenen Frustrationen verkraften und schließlich noch Robert stützen, der täglich weinerlich aus der Klinik anrief.

Wir überlegten, ob sie ihre Kinder für die Zeit des väterlichen Klinikaufenthalts vorübergehend in eine Pflegefamilie geben könne – aber nein, das brachte sie nicht übers Herz. Wenigstens fand sich eine Babysitterin, die stundenweise aushalf, damit die Frau in Ruhe arbeiten konnte. Das Geschäft reduzierte sie mit verkürzten Öffnungszeiten und einem eingeschränkten Angebot. Das merkten die Kunden schnell und blieben teilweise weg. Aber das musste in Kauf genommen werden, wenn die Kinder Vorrang haben sollten.

Die Frau versicherte mir, Robert würde ihr viel bedeuten, solange sie lebe, aber sie könne nicht weiterhin mit seiner Sucht leben. Deshalb zögere sie bei dem Gedanken, ihren Mann nach dem Klinikaufenthalt wieder bei sich aufzunehmen. Sie war sich darüber einfach nicht schlüssig.

Die Eskalation

Aus der Klinik kamen keine guten Nachrichten. Robert beschwerte sich über die Mitpatienten, über die Therapeuten, über die Therapiestunden. Er beteuerte, er habe es jetzt kapiert. Die drei Monate Klinikaufenthalt im letzten Jahr und die zwei Wochen jetzt hätten ihm genügend Informationen gegeben, wie er aus der Sucht herausgelangen könne. Er habe es verstanden und schaffe das jetzt ganz allein. Dafür brauche er die Klinik nicht. Er wolle nach Hause zu seiner Frau und seinen Kindern; sie sollten kommen und ihn abholen.

Seine Frau war entsetzt. Was konnte sie machen? Jahrelang war sie von ihrem Mann hinters Licht geführt worden. War sein Gerede jetzt echt gemeint oder eine neue Trickgeschichte? Am Telefon flehte ihr Mann sie an: „Hol mich hier heraus!“ Es seien Mitpatienten auf seinem Flur, die ihn ärgerten und ihm das Leben zur Hölle machten. Er hielte es dort nicht mehr aus.

Tage später eskalierte alles. Robert drängte erneut darauf, von seiner Frau, abgeholt zu werden. Sie weigerte sich und sagte: „Wenn du die Therapie abbrichst, kannst du nicht mehr bei mir wohnen.“ Er drohte ihr: „Wenn du mich hinausschmeißt, dann nehme ich dir die Kinder weg.“

Sie blieb standhaft und holte ihn nicht ab. Aus Angst um die Kinder ließ sie das Schloss ihrer Wohnung austauschen. Die Geschäftsführung in der Bäckerei überließ sie einem zuverlässigen Angestellten und zog für ein paar Tage mit den Kindern zu einer Freundin. Sie nahm sich vor, unnachgiebig zu bleiben. Ohne Therapieerfolg könne Robert nicht zu ihr kommen, so ihre klare Botschaft an ihn.

Als Robert auf eigene Verantwortung tatsächlich heimkehrte und entdeckte, dass seine Frau und seine Kinder weg waren, und als er merkte, dass er nicht mehr in die verschlossene Wohnung hineinkonnte, dreht er durch. Er stellte seinen Koffer in der Garage ab und verschwand.

Am nächsten Morgen wurde er in einem entfernten Waldstück vom Hund eines Försters gefunden. Robert hatte dilettantisch an seinen Pulsadern herumgeschnipselt und war nach einer Nacht im Wald total unterkühlt. Der Förster verständigte die Polizei und den Notarzt. Ein Krankenwagen brachte Robert wegen seines Suizidversuchs in die Psychiatrie.

Das Jugendamt erfuhr davon, sah in seiner Drohung, „der Frau die Kinder wegzunehmen“ und in seinem Suizidversuch eine Gefährdung des Kindeswohls und reagierte umgehend. Zum Schutz der Kinder wurde Robert vorübergehend das Sorgerecht für seine Kinder entzogen.

Als er schließlich aus der Psychiatrie entlassen wurde, hatte er nichts mehr: kein Geld, keine Wohnung, keine Familie. Seine einst erfolgreiche Berufslaufbahn gemeinsam mit seiner Frau war zerbrochen. Schulden türmten sich zu nicht mehr abzutragenden Bergen auf. Seine große Liebe war geplatzt. Das Jugendamt schützte seine eigenen Kinder vor ihm. Robert hatte buchstäblich alles verloren.

Verloren in dem ganzen Drama hatte auch seine Frau: Ihr fehlte ein verlässlicher Partner. Verlierer waren aber vor allem die Schwächsten, die Kinder, denn ihnen fehlten der Vater und die Geborgenheit einer einst zufriedenen Familie.

Das ist das hässliche Gesicht der Spielsucht und ihrer Folgen.

Eine schwierige Entscheidung

Wie war ich als Therapeutin jetzt in die Sache eingebunden?

Das Jugendamt hatte mich und Roberts Frau dahingehend verständigt, dass der derzeitige Sorgerechtsentzug aufgehoben werden könne, sobald dies von therapeutischer Seite, also von mir, befürwortet werden würde. An mich wurde ferner die Frage herangetragen, ob ich bereit wäre, Robert nochmals als Patienten anzunehmen. Seine Frau erklärte sich damit einverstanden, die Kosten (die ich entsprechend gering hielt) zu tragen. Sie würde seine Therapie sogar unterstützen, falls sie dies könne, und zwar unabhängig davon, wie es mit ihrer Ehe weitergehe. Robert war und bleibe der Vater ihrer Kinder.

Es war eine schwierige Entscheidung für mich, denn nach allem, was ich über Sucht wusste, muss man mit einer Nachbehandlung nach einem erfolgreich absolvierten Klinikaufenthalt starten. Gerade bei der Spielsucht betragen die statistisch ermittelten Rückfallquoten ca. 80%. Von einer ambulanten Suchttherapie ist dringend abzuraten.

Aber wer sollte Robert sonst übernehmen? In der letzten Klinik, wo er auf eigenen Wunsch und gegen den Rat der Ärzte nach ca. zwei Wochen alles abgebrochen hatte, hatte er keine Chance mehr für eine baldige Wiederaufnahme. Die Wartelisten für Suchtkranke sind lang. Und ein halbes Jahr zu warten, dafür hatte er in seinem Zustand keine Zeit, und schon gar nicht, wenn er das Sorgerecht für seine Kinder zurückgewinnen wollte.

So bekam er einen Termin bei mir.

Neuübernahme der Therapie

Unser Gespräch begann damit, dass er sich damit rechtfertigte, er sei in der Klinik von seinen Mitpatienten unerträglich gemobbt worden. Das wollte ich gar nicht im Detail anhören. Ich konterte: Wie ist er denn mit diesem Mobbing umgegangen? Hat er mit seinen Therapeuten darüber gesprochen oder mit jemandem vom Klinikpersonal?

Nein, das hat er nicht.

Das wäre aber ein sinnvoller Weg gewesen. Hier hatte er schon die erste falsche Abzweigung genommen. Unangenehme Zeitgenossen, die einem das Leben schwer machen, werden ihm und allen übrigen Menschen noch unzählige Male begegnen. Will er dann jedes Mal sofort abgeholt werden, will er ständig davonlaufen?

Danach diskutierten wir seine zweite falsche Abzweigung: Er hat die Therapie abgebrochen.

Ja, gestand er ein, aber er habe doch schon erkannt, wie er aus der Sucht rauskommen könne. Nun, er besitzt ja immer noch sein Smartphone – ist das sein Ausweg aus der Sucht?

Danach kam die nächste falsche Abzweigung zur Sprache. Er hat in seiner Frustration gedroht, dass er seiner Frau die Kinder wegnehmen würde.

Aber das war doch nur aus Wut, beschwichtigte er wenig überzeugend.

Und noch eine falsche Abzweigung: Er unternahm einen Suizidversuch und hätte damit seinen Kindern gleich den Vater weggenommen – was ist denn das für eine Vaterliebe? Zugegeben, er hatte Probleme. Aber sollte die Parole lauten: Hauptsache ich bin weg? Die Riesenprobleme, die er hinterließe, ... sollten die anderen sie tragen?

Er entschuldigte sich; das sei ein totaler Zusammenbruch gewesen. Er würde das zutiefst bereuen. Das hätte nicht geschehen dürfen.

Nun, keiner hat ihn gezwungen, immer die guten Lösungen links liegen zu lassen und die schlechten Abzweigungen zu nehmen, die die Tragödie immer mehr vergrößerten. Jetzt saß er da, ohne Job, ohne einen Euro, mit Bergen an Schulden, mit einem Schlafplatz auf der Couch seines Vaters, der ihn in seiner Not aufgenommen hatte. Ohne den wäre er jetzt sogar obdachlos.

Robert gab zu: Schlimmer könne es nicht werden. Er wisse das, und er schwor, nie wieder in seinem Leben zu spielen.

Ich fragte ihn geradeheraus: „Warum sollte ich Ihnen das glauben? Wir waren schon zweimal an diesem Punkt angelangt, wir hatten ein ‚Entgiftungskonzept' – nie haben Sie Wort gehalten!“

Er antwortet zerknirscht: „Ich werde es Ihnen beweisen.“

Ich insistierte. Die Rückfallquoten bei Spielsucht liegen bei 80%. Woher will er wissen, dass er zu den 20% gehört?

„Ich werde es Ihnen beweisen.“

So ging unser Gespräch weiter. Ich machte es Robert richtig schwer, sagte ihm, dass ich es nicht für aussichtsreich hielte, eine ambulante Suchttherapie durchzuführen.

Er hatte kein Argument dagegen und wiederholte nur immer wieder sein Ziel: „Ich werde es Ihnen beweisen.“ Er versprach alles Ungemach auszuhalten – nur um eines Tages wieder der Vater seiner Kinder sein zu können. Vielleicht gäbe ihm auch seine Frau noch eine Chance, aber das konnte er nicht verlangen, darüber war er sich im Klaren.

Schließlich erklärte ich ihm: Wenn ich ihn zur ambulanten Therapie aufnehme, dann stehen am Anfang eiserne Bedingungen. Ohne die würde ich gar nicht mit ihm arbeiten, nämlich:

1. Er wohnt zwar bei seinem Vater, wird aber die alte Regelung mit seiner Frau wieder aufnehmen. Seine Frau bekommt die Kreditkarte für sein Konto und seine Kontovollmacht, und sie wird ihm Bargeld nur gegen Kassenbelege aushändigen.

2. Das Smartphone wird stillgelegt und im Safe der Bäckerei eingeschlossen. Weil er ein Telefon braucht, um erreichbar zu sein, wird er ein Handy ohne Internetanschluss kaufen. Mit dem kann er telefonieren, aber eben nicht spielen.

3. Er wird zweimal pro Woche bei mir einen Termin wahrnehmen.

Ein erfolgreicher Klinikaufenthalt dauert im Allgemeinen drei Monate. Die habe ich auf 100 Tage aufgerundet und festgelegt: Die drei genannten Vereinbarungen sind 100 Tage lang Bedingung für eine Art „ambulanter Klinik“. Sollte er sie nicht einhalten, endet meine Therapie sofort.

Meine ehernen Regeln klingen äußerst streng – aber sie waren der optimale Schutz für Robert. Wir sprachen auch darüber, dass er noch reichlich sogenanntes „Craving“ erleben werde, dieses schier unstillbare, quälende Verlangen nach dem Suchtmittel, in seinem Fall nach dem Spielen um Geldbeträge. Alle drei Bedingungen bildeten gleichsam Schutzzäune davor, diesem Verlangen nachzugeben. Wenn ihn das Craving übermannen sollte, dann hatte er weder Geld noch Internetanschluss, er konnte also gar nicht spielen. Die zwei wöchentlichen Gespräche bei mir würden es ihm erleichtern, mit diesem pathologischen Verlangen konstruktiv umzugehen und auf seinem steinigen Weg aus der Sucht tapfer voranzuschreiten.

Robert sagte dazu ja. Das wolle er. Diesmal würde er seine Versprechen und Vorhaben einhalten. Er wolle mit allen Fasern seines Herzens raus aus der Sucht. Diesmal müsse es endlich klappen. Es war seine einzige Möglichkeit, das Sorgerecht für seine Kinder zurückzuerlangen. Und er wolle auch alles tun, um mit seiner Frau wieder ins Einvernehmen zu gelangen. Sie sei das Beste, was ihm je im Leben passiert sei.

Ein gutes Motiv! Ich bin kein Fan des leicht zynischen Wortes erfahrener Suchttherapeuten, dass es einem Suchtkranken immer erst elend genug gehen müsse, bis er sich zur Umkehr entschließt. Obwohl dieses Erfahrungswort bei Robert zutraf, bevorzuge ich ein Promotiv, ein Liebesmotiv als fundamentale Basis, sich durch den Entzugsschmerz hindurchzukämpfen. Und ein solches war bei Robert zweifellos vorhanden.

Ein Therapieschwerpunkt

Auch Roberts Frau suchte gelegentlich meinen Rat, denn sie sah ihre Lebenspläne in Scherben liegen. Die viele Arbeit im Bäckereibetrieb drückte sie nieder. Auf ihr lasteten zudem der Haushalt und die Sorge für ihre Kinder. Sie brauchte viel Geschick und Geduld, um ihren Buben darzulegen, dass der Papa nunmehr beim Großvater wohnte, weil es ihm gesundheitlich nicht gut ging; und dass es dauern würde, bis sie ihn wieder treffen könnten.

Bei den zwei wöchentlichen Terminen mit Robert setzte ich verschiedene Schwerpunkte.

An erster Stelle stand das Thema Sucht, ihre Mechanismen und Fallstricke. Ich erläuterte ihm ausführlich, wie ein Befreiungsschlag aus ihr gelingen kann. Sucht ist zwar auch eine starke Gewohnheit, aber sie ist viel mehr als dies. Etwas Antrainiertes kann man sich wieder abtrainieren. Man kann das behutsam und kontinuierlich machen und ein unpassendes Verhalten langsam ausklingen lassen. Dafür braucht man Willensstärke – aber die muss im Falle einer Sucht ungleich intensiver sein. Jeden Tag neu zu entscheiden: „Nein, heute greife ich nicht zum Suchtmittel!“ ist praktisch nicht zu leisten. Ein abruptes und nie mehr hinterfragtes Ende mit dem Suchtmittelmissbrauch ist im Verhältnis dazu noch eher leistbar, weil *einmal* der Schlussstrich gezogen worden ist, und damit basta.

Im Buch „Ärztliche Seelsorge“ äußerte sich der Psychiater und Neurologe Viktor E. Frankl über die Willensstärke (der Person) folgendermaßen[9]:

„Ursprüngliche Willensschwäche gibt es wohl nicht; die Stärke des Willens wird zwar vom Neurotiker hypostasiert [= vergegenständlicht, d.V], ist aber nichts Statisches, nichts ein für allemal Gegebenes, sondern jeweils gleichsam die Funktion von: klarer Zielerkenntnis, ehrlichem Entschluss und einem gewissen Training. Solange ein Mensch den Fehler begeht, noch bevor er etwas versucht, sich fortwährend vor Augen zu halten, dass der Versuch misslingen müsse, wird er ihm auch nicht gelingen können; schon deshalb nicht, weil man sich, auch vor sich selbst, nicht gerne desavouiert [= bloßstellt, d.V]. Um so mehr kommt es darauf an, in der inneren Formulierung des jeweiligen Vorsatzes jedes fakultative scheinbare Gegenargument von vornherein auszuschließen: wenn jemand sich z. B. vorsagt: ‚Ich will nicht trinken‘, so ist damit zu rechnen, dass sich alsbald die verschiedensten Einwände melden werden, wie da möglich sind der Einwand: ‚ – ich muss aber‘, oder: ‚ – ich werde trotzdem nicht widerstehen können‘ usw. Wenn der Betreffende jedoch sich schlicht, aber wiederholt sagt: ‚Es wird nicht getrunken – und es wird darüber nicht diskutiert‘, dann hätte er den richtigen Weg eingeschlagen.“

Auf Roberts Situation übertragen hieß das: Sein Wille würde sich immer wieder an dem großen und von ihm selbst erkannten bzw. genannten Ziel ausrichten müssen, seine Ehe und Familie zu erhalten. Der ehrliche Entschluss war vorhanden und wurde von den drei Bedingungen, den „Schutzzäunen“, gestützt. Ein gewisses Training waren auch die engmaschigen Termine bei mir. Das Motto: „Es wird

---

[9] Viktor E. Frankl, „Ärztliche Seelsorge“, dtv, München, 7. Auflage 2017, Seite 140

nicht mehr diskutiert", egal wie schwer es für ihn auch werden sollte, hatte er akzeptiert.

Um seine Entwicklung optisch vor Augen zu haben, führte Robert auf meinen Rat hin einen besonderen Kalender. Darin war der „Tag eins" seit dem er nicht mehr gespielt hatte, markant herausgestrichen. Jeder weitere spielfreie Tag bekam eine leuchtend gelbe Farbe. Diese Tage unterschieden sich von Tagen mit rotem Ausrufezeichen, die manchmal sehr dick und manchmal nur dünn eingezeichnet waren. Die Farbe Rot stand für das Craving. Dick rot war ein Ausrufezeichen an jedem Tag, an dem Robert stundenlang damit gerungen hatte. Ein dünner roter Strich stand für zehn Minuten sehnsüchtig ans Spielen denken, aber dann bald wieder davon los sein. „Für zehn Minuten ans Spielen denken gebe ich doch nicht alles Erworbene wieder auf", sagte Robert entschieden.

Die Dauer und Stärke der Gier nach dem Glücksspiel verringerten sich mit der Zeit. Die roten Ausrufezeichen werden seltener, der Kalender dokumentierte dies deutlich.

Ein weiterer Therapieschwerpunkt

Einen anderen Inhalt unserer Gespräche bildete die Frage, was ihm helfen konnte, wenn sein Craving allzu heftig kam. Dabei interessierte uns vor allem, wie er sich davon distanzieren konnte. Es gab finstere Stunden, in denen ihn die Gier nach dem Spielen plötzlich überfiel und er ihr sofort nachgegeben hätte und wenigstens eines der kostenlosen Lockspiele der Internetcasinos angeklickt hätte, wäre er an sein Smartphone gekommen. In diesen finsteren Stunden war es pures Leiden, das ihn beutelte, und das es auszuhalten galt. Aber: Mehr war es auch nicht. Sein Leiden besserte sich, wenn er dann einen Freund anrief und mit ihm über irgendetwas plauderte, und sei es eine bevorstehende Fußballmeisterschaft.

„Das lenkt mich ab", sagte Robert.

„Das ist ein wunderbares Beispiel für die Methode der Dereflexion", informierte ich ihn. Sie ist eine Methode, der Frankl viel Gewicht beim Lösen von gedanklichen und emotionalen Fixierungen zugesprochen hat.

Wenn der Freund telefonisch nicht zu erreichen war, half es Robert, in die Natur zu gehen und zu joggen oder zumindest flott zu marschieren. Frische Luft und Bewegung waren zwei Therapeuten, die er fast immer zu Rate ziehen konnte. Die schnellste und jederzeit einsetzbare Hilfe war allerdings ein Foto von seinen beiden Söhnen. Wenn auch sein Geldbeutel leer war, dieses Bild steckte darin und war immer da, um ihn an sein großes Ziel zu erinnern: Wieder ein veritabler Vater für seine Kinder zu werden.

Es wurde zu einem Ritual zwischen uns, dass Robert nach unserer gegenseitigen Begrüßung als erstes sagte „37 Tage spielfrei. Zweimal Craving. Herausgekommen mit Telefonat und Joggen“ und ähnlich Erfreuliches. Erst danach begann die Therapiestunde.

Irgendwann einmal hieß es: „97 Tage spielfrei. Kein Craving mehr.“

Therapieergebnisse

Allmählich wurde das Thema Smartphone interessant. Es war ja eine meiner Bedingungen gewesen, dass es unerreichbar weggeschlossen blieb. Robert hatte früher über seinen alten Vater gelacht, weil dieser nur ein „Opa-Handy“ besaß, das außer zum Telefonieren bloß noch für ein paar SMS taugte. Inzwischen wünschte er sich das gleiche Gerät, um ohne Internetanschluss und damit ohne Spielmöglichkeit telefonisch erreichbar zu sein. Sein Vater schenkte ihm eines, ohne darüber zu spötteln.

Gedacht war es zur Verhinderung von potenziellen Rückfällen, aber es eröffnete zusätzliche ungeahnte Vorteile. Jetzt erst fiel Robert auf, wie viel Zeit er früher mit dem Smartphone verplempert hatte, denn über diese Zeit verfügte er plötzlich! Statt eine halbe Stunde in den sozialen Medien herumzuwühlen, machte er sich bei seinem Vater nützlich und half ihm im Haushalt. Auch war Robert der Einzige, der zwischen lauter Handy-Fummlern an der Bushaltestelle den Sonnenschein im anbrechenden Frühling genoss. Seine Konzentrationsfähigkeit regenerierte sich zusehends. Zum einen, weil er nicht mehr andauernd überlegen musste, wann er spielen könne, und zum anderen, weil er eben nicht andauernd WhatsApp-Nachrichten las und in den sozialen Medien surfte. „Was für ein schönes, entspanntes Leben", sagte er mehr als einmal zu mir.

Ein „schönes Leben" – dazu gehörte neben seiner Spielfreiheit auch eine neue Berufstätigkeit. Robert hatte enormes Glück: In seiner Branche herrschte Arbeitskräftemangel. Bereits nach ein paar Wochen fand er eine Arbeitsstelle, die ihm gefiel, und in der er für die neue Firma einen wichtigen Posten bekleiden konnte.

Gleichzeitig beantragte er Privatinsolvenz. Falls diese bewilligt würde (und dafür sah es gut aus), hätte er drei Jahre lang nur einen kleinen, nicht pfändbaren Geldbetrag für sich selbst zur Verfügung. Also keine Aussicht auf ein neues Motorrad, auf Urlaub, auf teure Fußballtickets oder prahlerische Geschenke für seine Kinder – ein Verzicht auf Jahre, aber mit dem Ziel einer Tilgung seines riesigen Schuldenberges.

Ohne Sucht und ohne Smartphone war Roberts Leben ruhiger und friedlicher geworden. Seine Nervosität und Fahrigkeit ließen nach. Trotzdem brauste er noch viel zu oft auf und wurde von heftigen Emotionen überwältigt. Dieser kritische Charakterzug hatte ihm einst den Weg in die Sucht geebnet. Per Spielen hatte er unangenehme Gefühle im Handumdrehen verdrängt, und das fehlte ihm nun.

Deswegen sprachen wir über das Menschenbild Frankls und darüber, wie man der Gefühle, die einen gelegentlich zu überrollen scheinen, Herr werden kann. Für Robert war Frankls Gleichnis vom Segelboot sehr illustrativ: Verkriecht sich der Steuermann unter Deck, dann treibt der Wind das Boot, wohin er will. Der Sturm des Begehrens lenkt es nach rechts, der Wind des Zorns nach links, von vorne bläst der Gegenwind des Ärgers, und von hinten bläst der Orkan der Enttäuschung. Das daraus resultierende Geschaukel des Bootes am Rande des Kenterns geschieht aber nur, solange der Steuermann schläft. Begibt er sich an Deck und packt er das Steuer mit festen Händen, dann kann er zwar nicht den Wind, aber den Kurs des Schiffes trotz des Windes bestimmen. Gefühle kommen hoch, das können wir uns nicht aussuchen. Aber was wir mit ihnen und trotz ihnen machen und wofür wir sie nutzen, das liegt bei uns.

Freilich braucht der Steuermann eine gute Seekarte, damit er weiß, wohin er überhaupt steuern soll. In diesem Vergleich ist es der jeweilige Sinn der Situation, der in jeder guten Seekarte die Zielhäfen markiert. Bei Robert war die Reihe der Zielhäfen noch in einiger Entfernung, aber deutlich eingezeichnet. Ihre Hauptstationen lauteten: Wieder volle Verantwortung für die Kinder übernehmen, eine positive Kontaktbasis mit seiner Frau aufbauen, aus den Schulden herauskommen und konstant suchtfrei bleiben.

Ergebnis

Im Lauf der Monate knüpfte Robert fast zerrissene Bande neu an. Seine Frau blieb zwar lange Zeit überaus skeptisch, aber ihre Zuneigung zu ihm hatte sich nicht gänzlich verflüchtigt. Es gab vorsichtige Annäherungen zwischen ihr und Robert und gemeinsame kleine Ausflüge als Familie. Die Kinder strahlten, wenn sich Papa und Mama verstanden.

Der 100. suchtfreie Tag wurde gefeiert. Die drei Schutzzäune, die Robert vor dem Absturz in die Sucht bewahren sollten, hatten gehalten: 1. Engmaschige Therapiegespräche mit mir, 2. „Opa-Handy" ohne Internetanschluss, 3. Geldbeträge nur gegen Quittungen.

Schon höre ich den Einwand, dass ein solcher Lebensstil eines Erwachsenen unwürdig ist. Aber man bedenke: Auch Suchtverhalten ist eines Menschen unwürdig! Für Robert hatte es keinen anderen Weg aus der Spielsucht heraus gegeben. Deshalb hatten wir diese Konstruktion einer „ambulanten Klinik" für 100 Tage festgelegt. Danach lockerten wir diese Schutzmaßnahmen sehr langsam und behutsam.

Ausblick

Robert hat Entzug und Entwöhnung erfolgreich durchgestanden. In achtwöchigen Abständen nimmt er noch einen Termin bei mir wahr, aber alles sieht bislang vielversprechend aus.

Relativ bald hat sich sein Verhältnis zu seiner Frau gebessert. Die Partnerschaft zwischen den beiden blühte wieder auf. Er bekam das Sorgerecht für seine Kinder zurück und bemüht sich seither redlich, ein vorbildlicher Vater für seine beiden Söhne zu sein.

Über zwei Jahre sind seit damals vergangen, Robert hat viel Neues entdeckt: Wie unkompliziert das Leben ist, wenn man nicht lügen und tricksen muss, um an Geld für Glücksspiele heranzukommen. Wie fit sein Denken inzwischen geworden ist, weil darin nicht ständig Gedanken an das Spielen querschießen. Wie prächtig man sich entspannen kann, ohne ununterbrochen aufs Smartphone zu starren. Er ist ein geschätzter Mitarbeiter in seiner Firma und insgesamt zuversichtlicher geworden. Er freut sich an Kleinigkeiten. Das muss er auch, denn die genehmigte Privatinsolvenz lässt ihm für große finanzielle Sprünge noch einige Monate lang keinen Raum.

Das familiäre Glück zwischen ihm, seiner Frau und den Kindern ist für ihn durchaus nicht mehr so selbstverständlich wie in den ersten Jahren. Es hat an Substanz und Stabilität gewonnen, nachdem er und seine Frau durch die bitterlich schweren Jahre hindurchgekommen sind. Beide wissen es zutiefst zu schätzen.

Roberts einstiges „Ich werde es Ihnen beweisen“ ist tatsächlich wahr geworden.

Wenn ich doch bloß ein Kind hätte!

Präambel

Es gibt nicht nur pathogene Fehlhaltungen auf individueller, sondern auch auf kollektiver Ebene. Viktor Frankl hat bereits in den späten

1940erjahren so genannte „Pathologien des Zeitgeistes“ als Kriegstreiber und Kriegsfolgen diagnostiziert und darüber in seinen Schriften publiziert. Damals ahnte er nicht, wie aktuell diese „kollektiven Neurosen“, wie er sie auch nannte, noch jenseits der Jahrtausendwende sein würden. Er ahnte auch nicht, dass gerade in den begüterten Ländern der Erde zusätzliche „Mainstream-Pathologien“ heraufdämmern würden, die das soziale Klima anheizen würden.

Eine davon firmiert unter dem Anspruch auf ein uns zustehendes grenzenloses Selbstbestimmungsrecht. Schon seit längerer Zeit ist etwa das Lebensrecht von unerwünschten Kindern dem Selbstbestimmungsrecht werdender Mütter zum Opfer gefallen. Auch ist es mittlerweile nicht mehr selbstverständlich, was die Natur bei einem Neugeborenen mit X- und Y-Chromosomen festgelegt hat. Eine Transition muss her, wenn der heranwachsende Mensch ein anderes Geschlecht haben möchte, ob dies gesundheitlich riskant ist oder nicht. Überhaupt werden Genmanipulationen in Zukunft vermutlich gestatten, menschliche Wesen mit beliebig attraktiven Eigenschaften „herzustellen“. Und sollte jemand zu irgendeinem Zeitpunkt sein Dasein als nicht mehr lebenswert genug einschätzen, darf er jetzt schon in Selbstbestimmung Sterbenachhilfe in Anspruch nehmen.

Dabei ist es ein durchaus favorisiertes Ziel in der Psychotherapie, Personen mit unsicherem, labilem „Psychokostüm“ zu Selbstbesinnung und Selbstbestimmung hinfinden zu lassen. Aber genau so, wie sich die derzeitige bedrohliche Klimakrise durch Wetterkapriolen und Wetterextreme ankündigt, sind es auch die Kapriolen und Extreme in den sozialen Krisen, die das Pathologische vom Zuträglichen und Menschenwürdigen trennen. Konstruktive und heilsame Selbstbestimmung findet stets auf dem Boden schicksalhafter Faktoren statt, *die zunächst als vorgegeben akzeptiert worden sind*, um durch den Hader mit ihnen nicht im Umgang mit ihnen blockiert zu sein. Nur frei von solchem Hader entfaltet der menschliche Geist seine Innovationen, um das Sinnvollste angesichts vorherrschender Schicksalskomponenten zu entdecken und zu realisieren. Ohne festen

Boden unter den Füßen, an den uns die Schwerkraft fesselt, gibt es keinen Absprung in neues und von uns selbst zu bestimmendes Terrain, wie es Frankl gleichnishaft ausgedrückt hat. Ohne Boden zu springen, gleicht einem Fall ins Bodenlose.

Bleiben wir also am Boden der Seinswirklichkeit. Es gibt so vieles, das wir uns nicht aussuchen können! Unsere Herkunftsfamilie, unsere psychophysische Veranlagung, unsere Mit- und Umwelt … Einbrüche, Zufälle, Orte, Zeiten und die Kultur, in die unsere Existenz eingeklinkt ist. Dies zu leugnen, wäre schlichtweg dumm. Mit Verstand und Gefühl dagegen anzurennen, heißt Kräfte vergeuden. Die Aktion mit dem Kopf durch die Wand schadet dem Kopf mehr als der Wand. Der Versuch, Eigenwünsche um jeden Preis durchzuboxen, endet fast immer in Tragödien. In mancher Hinsicht braucht es *den Verzicht auf Eigenwünsche,* weil uns einfach nicht alles Wünschenswerte gegeben oder gar erlaubt ist. In einer medizinisch und technisch fortgeschrittenen Ära, in der unglaublich Vieles machbar geworden ist, ist uns zunehmend *eine freiwillige und am Ethos orientierte Beschränkung* des Machbaren auferlegt, wenn wir nicht zu Sklaven einer von uns heraufbeschworenen Selbstüberheblichkeitsideologie werden wollen, die uns langfristig ins Chaos stürzt.

Fallgeschichte

Die Problemschilderung

Sarah und Tobias kommen zu mir, weil sie ein gemeinsames Problem haben. Damit jeder der beiden offen sprechen kann, schicke ich Tobias erst einmal zum Kaffeetrinken. Er soll in einer Stunde wiederkommen. Einzelgespräche mit den Betreffenden sind von großem Wert, weil dabei jeder – auch bei einem gemeinsamen Problem – das Thema aus seiner eigenen Warte schildern kann. Jeder darf seine Gedanken und Standpunkte äußern ohne Gefahr zu laufen, den anderen zu verletzen. Und das wollen Sarah und Tobias keinesfalls. Sie sind beide knapp über 30 Jahre alt und seit fünf Jahren glücklich verheiratet.

Sarah erzählt, dass Tobias und sie schon bald nach ihren ersten Kontakten spürten, dass sie füreinander die Richtigen seien. Sie waren kurz verlobt, heirateten bald und haben das noch keinen einzigen Tag bereut. Im ersten Ehejahr dachten sie, es wäre besser, mittels Beachtens eines Zyklus-Kalenders bei Sarah eine Schwangerschaft zu verhüten. Sie wollten einander erst genauer kennenlernen. Im zweiten Ehejahr jedoch waren sie sich einig: Ja, sie wollten von Herzen gerne Kinder, am liebsten mehrere.

Es klappte mit dem Kinderwunsch nicht. Auch nach einem weiteren Jahr nicht. Sie begannen erneut, einen Zyklus-Kalender zu führen. Diesmal, um insbesondere die fruchtbaren Tage bei Sarah für eine mögliche Schwangerschaft zu nutzen. Es verging ein weiteres Jahr, und das Unbehagen der beiden wuchs.

Noch dazu war Sarah Sprechstundenhilfe bei einer Gynäkologin. Täglich sah sie Schwangere in froher Erwartung und mit Babybäuchen ein- und ausgehen, nur bei ihr tat sich in dieser Angelegenheit nichts. In der Arztpraxis klemmte sie alle paar Wochen neue Fotos von Neugeborenen, die als Dank an die Ärztin geschickt worden waren, an eine Pinnwand gegenüber ihrem Arbeitsplatz – eine Tortur, da sie selbst nicht und nicht schwanger wurde. Obwohl sie und Tobias mit grimmiger Entschlossenheit sämtliche fruchtbaren Tage bei ihr nutzten.

Schließlich ergab eine ausführliche ärztliche Untersuchung eine Störung der Eireifung bei Sarah, für deren Behebung sie Medikamente verordnet bekam. Die Problemursache schien gefunden zu sein, die Hoffnung der Eheleute wuchs. Doch die Zeit verging und nichts „Erfreuliches“ geschah. Daraufhin vereinbarte Tobias einen Termin bei seinem Urologen. Als er den Befund in Händen hielt, war dies ein enormer Schock für die beiden: Es fanden sich keine Spermien in Tobias’ Samenflüssigkeit. Nicht einmal wenige, sondern gar keine. Sarah konnte das kaum verkraften. Sie wollte ja ein Kind, unbedingt.

Sarahs Verzweiflung

Sie sitzt bei mir und sagt, sie wisse, dass ihr Lebensglück nicht vom Vorhandensein eines Kindes abhängen sollte. Nein, ihr Mann und sie sind ja jetzt schon glücklich miteinander. Und trotzdem ist sie total verzweifelt. Sie will ein Kind ... weil das einfach zur Familie dazu gehört. Es könnte fröhlich und unbeschwert bei ihnen aufwachsen. Sie wünscht sich sogar mehrere Kinder. Auch Tobias hätte sich sehr gefreut, Vater zu werden.

Beide Eheleute sind gläubig und nehmen ernst, dass in der Bibel steht: „Seid fruchtbar und mehret euch." Das heißt doch, argumentiert Sarah, dass Gott will, dass Menschen Kinder bekommen? Sie weint und schluchzt: „Warum kriegen wir kein Baby, wenn Gott das will?"

Sie versichert mir, dass sich an ihrer ehelichen Liebe durch die Zeugungsunfähigkeit ihres Mannes nichts geändert habe. Es werde sich daran auch nichts ändern, davon ist sie überzeugt. Im Gespräch ergibt sich, dass ihre sexuellen Begegnungen in den letzten Jahren gelegentlich sehr stressig gewesen waren, weil unbedingt eine Schwangerschaft herbeigeführt werden sollte. Das habe sich seltsamerweise in der traurigen Zeit nach der niederschmetternden Diagnose geändert. Das Miteinander sei inniger, entspannter und zärtlicher geworden.

Sarah ist insbesondere enttäuscht, weil alle ihre Freundinnen in den letzten Jahren Mütter geworden sind. Wenn sie sich mit ihnen trifft, sind stets Kinder dabei, meistens sogar mehrere; nur *sie* hat kein Kind, und das tut ihr schrecklich weh. Sie und Tobias haben darüber nachgedacht, ob sie mit einer fremden Samenspende zu einer Schwangerschaft gelangen sollten, haben aber den Gedanken schnell wieder verworfen. Das sei keine Option für sie. Das passe nicht zu ihrem Glauben. Kinder seien ein Geschenk Gottes, da solle der Mensch nicht zu viel mitmischen ...

Religiöse Überlegungen

Weil im Gespräch die Glaubensfrage immer wieder mitschwingt, greife ich Sarahs letzten Satz auf und frage, ob sie das nur so dahergesagt hat, weil es gut klingt, oder ob sie es ernst meint, dass Kinder ein Geschenk Gottes sind. Ja, das meint sie ernst, beteuert sie. „Hm", wende ich ein, „aber wie ist das mit den Geschenken? Kann man sie bestellen, herbeiordern, einfordern?" Meine Frage verwirrt sie – nein, das kann man nicht. Ihr fällt auf, dass ihr das noch nie klar bewusst gewesen ist. „Bedenken Sie", fahre ich fort, „wenn man ein Geschenk einfordert, kann dabei höchstens eine mehr oder weniger gern gelieferte Pflichtabgabe herauskommen. Ein echtes Geschenk hingegen kann nur sein, was freiwillig und aus Eigeninitiative gegeben wird. Was gegeben wird ohne das Verlangen eines Gegenübers und ohne dessen Nachdruck, dass einem dies oder jenes gefälligst überreicht werden möge."

Wir sprechen eine Weile über dieses Thema und Sarah spekuliert, ob Gott vielleicht will, dass sie und ihr Mann demonstrieren, wie man auch ohne Kinder vernünftig und sinnvoll leben kann. Ich mahne zur Vorsicht bei Spekulationen. Niemand darf sich anmaßen, das Geheimnis von Gottes Absichten zu lüften. Klar wird Sarah aber schon: Wenn ihr und Tobias nun einmal kein eigenes Kind geschenkt wird, dann passt es nicht, trotzig dagegen zu rebellieren. Sie versteht. Nein, in die Falle eines Grolls über Gott und die Welt will sie nicht hineintappen. Ich atme auf: Anthropomorphismen (Übertragungen von Menschlichem auf Göttliches) sind problematisch, da sie zu fragwürdigen Aussagen über Gott führen.

Logotherapeutische Überlegungen

Es gibt noch ein weiteres Problem, das Sarah quält. Sie ist einerseits zutiefst schwermütig, weil sie keine Kinder von ihrem Mann bekommen kann, möchte aber andererseits ihre Schwermut ihrem Mann möglichst nicht zeigen. Dennoch merkt er natürlich, wie traurig sie ist, und diese ihre Niedergeschlagenheit ist eine enorme Last für ihn. Er fühlt sich quasi schuldig an der Katastrophe und verantwortlich für ihren Kummer.

Wir dividieren ihre Aussage in zwei Hälften auseinander.

1. Da ist die eine Hälfte: Die riesige Dimension, die ihre Trauer annimmt und das Malheur anschwellen lässt.

Ich erzähle ihr eine Szene aus Frankls Buch „... trotzdem Ja zum Leben sagen“. Im Jahr 1944 war im Konzentrationslager unter den Gefangenen die naive Hoffnung aufgekommen, dass der Krieg nicht mehr lange dauern werde und die Lager bald aufgelöst würden. Dass die Häftlinge vielleicht schon zu Weihnachten wieder daheim bei ihren Lieben sein könnten. Es war ein irrealer, durch nichts gestützter Trost-Gedanke in dieser grausamen Zeit. Als Weihnachten 1944 vorüber war und sich nichts geändert hatte, setzte unter den Gefangenen ein Massensterben ein. Viele von ihnen fanden keinen Halt mehr und ließen sich in dumpfe Apathie fallen. Diese Beobachtung im Blick mahnte Frankl, es brauche eine Umkehr im Denken, eine geradezu kopernikanische Wende. Er sagte zu den verzweifelten Kameraden, „dass es nie und nimmer darauf ankommt, was wir vom Leben noch zu erwarten haben, sondern vielmehr darauf: was das Leben von uns erwartet!“[10]

„Das ist ein eleganter Satz“, kommentiere ich, „aber er ist hart, wenn man ihn in aller Konsequenz durchdenkt und durchlebt.“ Angewandt auf meine Patientin stellt sich die Frage, was das Leben von ihr erwarten könnte. Es hat ihr die Schicksalsfügung zugeteilt, dass sie von ihrem Mann kein Kind zu erwarten hat. Wie wird sie darauf reagieren? Was kann sie daraus machen?

2. Kommen wir zur zweiten Hälfte von Sarahs Aussage. Im Gespräch fällt ihr auf, dass sie sich in den vergangenen Monaten reich-

---

[10] Viktor E. Frankl, ... trotzdem Ja zum Leben sagen, Random House, München, [11]2009, S. 117

lich um sich selbst gedreht hat, um ihren eigenen unerfüllten Wunsch; und daneben war nicht mehr viel Platz für anderes übrig. Es gab sogar weniger Platz für ihren Mann, weniger Rücksichtnahme auf dessen Wohlergehen. Das verblüfft und betrübt sie. So egozentrisch will sie nicht sein. Nein, wirklich nicht. Das ist nicht ihre Art.

Nun, aus der Betrübnis kann ein neuer Horizont über ihrem Leben aufgehen. Was könnte doch noch alles von ihr und ihrem Mann in Angriff genommen werden! Von Tobias' Zeugungsunfähigkeit abgesehen, für die er nichts kann, sind sie beide gesund, gut ausgebildet, jung, vielseitig interessiert – solche Menschen braucht die Welt. Nicht nur hier ringsum. An allen Ecken und Enden in der Stadt bis hin zu entfernten Ländern würden sich Menschen über eine medizinische Fachangestellte und einen Bauingenieur freuen. Keine Kinder hüten zu müssen, bedeutet auch, ungebunden, mobil und flexibel zu sein. Sinnvolle Einsatzgebiete für intensives Engagement gäbe es genug.

Zugegeben: Eine Hoffnung, die Sarah lange gehegt hat, muss sie begraben. Das ist herb, lässt sich aber besser schultern, wenn gleichzeitig andere Hoffnungen aufkeimen. Sarah hat Abitur. Sie könnte einen Schritt weitergehen und Medizin studieren, womit sie schon öfters geliebäugelt hat, wie sie bekennt. Was auch immer, sie hat Möglichkeiten wie Sterne am Himmel, sie muss nur den Kopf heben und über sich und ihren Schmerz hinausblicken.

Beratung des Ehemannes

Die Stunde ist vorüber und Tobias steht vor der Türe. Es ist Zeit für Sarah, ein bisschen spazieren zu gehen.

Tobias erklärt als erstes, dass es sein größter Kummer ist, dass Sarah so traurig ist. Er wäre zwar selbst gerne Vater geworden, aber weitaus schlimmer als seine eigene Frustration ist die Tatsache, dass es *an ihm* liegt, dass Sarah auf ein Kind von ihm verzichten muss, obwohl dies ihr größter Wunsch gewesen wäre. Während er davon spricht, steigen ihm Tränen in die Augen.

Ich sage, dass ihn dieser Kummer ehrt, weil darin seine Liebe zu seiner Frau zum Ausdruck kommt. Es ist ihm nicht egal, wie sich Sarah fühlt. Wie schön!

Tobias ist mit der unseligen Kinderthematik selbst seit längerem konfrontiert. All die Ehejahre drängt ihn sein Vater schon, endlich einen Sohn zu produzieren. Sein Vater ist der Senior-Chef in der Firma, in der Tobias arbeitet, und beharrt auf der Familientradition. Das Unternehmen ist seit etlichen Generationen in Familienhand, und Tobias' Vater kann sich kaum vorstellen, dass es eines Tages keine Nachkommen als Nachfolger mehr geben sollte. Tobias weiß, dass es noch heftige Diskurse mit seinem Vater darüber geben wird, aber das nimmt er eher gelassen hin. Wenn es so ist, dann ist es eben so. Auch jemand anderer kann die Firma gut leiten. Warum muss es ausgerechnet ein leiblicher Nachkomme sein? Die Firma ist wirtschaftlich stabil, da gibt es derzeit keine Schwierigkeiten.

Ich lobe ihn für diese souveräne Haltung und bringe die Sachlage auf den Punkt. Im Endeffekt ist der verwehrte Kinderwunsch für Tobias weniger schlimm als für seine Frau. Schlimm ist allerdings für ihn, dass es Sarah damit so schlecht geht.

Damit knüpfe ich wieder an seiner Liebe zu ihr an. Was würde *ihr* guttun? Wenn er sich mit irrationalen Schuldgefühlen herumschlägt und alle Lebenslust verliert? Wenn er sich andauernd ungerechtfertigt vorwirft, sie ins Unglück gestürzt zu haben? Würde sie das aufmuntern? Würde es nicht vielmehr ihre gemeinsame Niedergeschlagenheit potenzieren, indem nunmehr Sarah sich die Schuld daran gibt, mit ihrer offensichtlichen Trauer ihren Mann ins Unglück zu stürzen? Wollen sie einander mit ihren Leidenszuständen und Leidensmienen immer tiefer in den Sog der Verzweiflung hinabziehen?

Tobias ist wie elektrisiert. Nein, das darf nicht sein! Also, was würde seiner Frau guttun? Ein verständnisvoller, aber optimistischer Partner, der ihr hilft, den Kopf zum Sternenhimmel der Möglichkeiten zu heben, welcher sowohl ihr als auch ihnen beiden weit offen steht? Tobias' Tränen versiegen, er lächelt. Okay, wenn *das* seine jetzige Aufgabe ist, will er sie gerne in Angriff nehmen!

1. Fortsetzungsgespräch mit Sarah

Auch einige Wochen später ist Sarah noch nicht mit ihrem Schicksal versöhnt. Sie verstrickt sich erneut in die unfruchtbare Warum-Frage: „Warum geschieht mir dies? Warum darf ich kein Kind haben?" Ich erinnere sie an ihre eigene Aussage, wonach eine Schwangerschaft ein *Geschenk* sei. Zumindest in ihrem Fall und in ihren Augen. Sofort weiß sie wieder, dass man Geschenke nicht einfordern kann und darf. Sie versteht das und plagt sich dennoch mit der Anschlussfrage herum, warum Gott *gerade ihr* kein Kind schenken will? Es hilft nichts, alle Warum-Fragerei muss auf den Müll. Wir sind nicht die *Fragenden*, wie Frankl wiederholt betont hat – wir sind die *Antwortenden*, und alle Energie, die Sarah mit nutzloser Fragerei verschwendet, fehlt ihr beim Auffinden befriedigender Antworten auf ihr Los, die sie selbst geben kann.

Nach einer Weile reift in Sarah ein Entschluss. Sie wird mit Tobias zu einer kleinen Kapelle fahren, die sie beide gerne mögen. Dort werden sie beten und es ganz in Gottes Hände legen, ob je ein Kind zu ihnen kommt oder nicht. Darüber soll Gott entscheiden, und sie werden seine Entscheidung in Demut annehmen. Sie werden Blumen niederlegen und Gott danken, was immer auch geschehen mag.

Das ist eine rührende Idee, mit der Sarah in dasjenige einwilligt, was das Leben ihr zumutet. Das Beachtliche an dieser Idee ist Sarahs Entschluss einer Blanko-Zustimmung; die Symbolhandlung untermauert ihn. Aber die Erinnerung an das gemeinsame Handeln in der Kapelle wird sie tragen, wenn die nächste ihrer Freundinnen schwanger wird, und der alte Schmerz sich wieder in Sarah regen sollte.

Der Rest der Stunde vergeht mit dem Sortieren von Ideen, die sie inzwischen gesammelt hat. Darunter sind tatsächlich Informationen zu einem Studienbeginn, den sie überlegt. Darunter sind auch Recherchen über ein Projekt zur Rehabilitation kriminell gewordener Jugendlicher. Sie hat sich über das Internet schlau gemacht, was in ihrem Umkreis gesucht wird. Wo werden ihre oder ihrer beider Talente dringend gebraucht? Ich staune: Ihre Erkundigungen haben erstaunlich viele Optionen zutage gefördert. Sarah und Tobias leben in einer Zeit und Gesellschaft, in der junge, kluge und arbeitsame Leute weithin willkommen sind. Das ist leider nicht überall so, nicht in anderen Zeiten und nicht in anderen Gesellschaften, und Sarah beginnt ihre positive Lage zu würdigen.

2. Fortsetzungsgespräch mit Sarah

Bei unserem nächsten Treffen präsentiert Sarah noch weitere Überlegungen, die sie und ihr Mann gefunden haben. Tobias wäre immer schon bereit gewesen, ein Kind zu adoptieren, doch Sarah hat dies bisher abgelehnt. Inzwischen denkt auch sie darüber nach. Die beiden haben außerdem entdeckt, dass in ihrer Nähe ein Kurs zum Thema „Adoptiv- und Pflegekinder“ angeboten wird. Den wollen sie gemeinsam absolvieren. Der Kurs verpflichtet zu nichts, vermittelt aber ein wirklichkeitsnahes Bild dessen, was im Falle einer Adoption auf sie zukäme.

Außerdem hat Sarah eine Internetseite aufgestöbert mit dem Titel: „Jobs that change the world“. Darunter befindet sich manches, das sie begeistern könnte. Sie und ihr Mann haben darüber diskutiert, was ein Berufswechsel alles mit sich brächte. Tobias arbeitet zwar gerne in seiner Firma, könnte sich aber dennoch ein anderes Arbeitsumfeld – auf eigenen Beinen und abseits von seinem dominanten Vater – gut vorstellen.

Ich höre dem Fantasie-Spiel der jungen Frau zu und stelle erleichtert fest, dass ihre Verzweiflung bunten Zukunftsplänen gewichen ist. Es sieht ganz danach aus, dass die beiden die Hürde, die das Schicksal ihnen in den Weg gelegt hat, mit Bravour überspringen werden.

Abschiedsgespräch mit Sarah

Bei unserem Abschiedsgespräch erwähnt Sarah ihren und ihres Mannes Gang in die Kapelle. Die beiden haben alles genauso zelebriert, wie sie sich das ausgedacht hatte. Dabei haben sie ein bisschen geweint, aber danach fühlten sie sich wie von einem Alptraum befreit und haben bewusst begonnen, nach vorne zu schauen.

Sarah gesteht, dass sie an diesem besonderen Tag zum ersten Mal komplett begriffen hat, wie sehr *ihre* Traurigkeit seit Jahren auf ihrem Mann lastet. Da hat sie sich spontan vorgenommen, dass damit endgültig Schluss sein muss. Er soll nicht unschuldig leiden! Dies zu verhindern sei jetzt ihre ganz private Aufgabe. Sie wird noch einmal zu der Kapelle fahren, erklärt sie mir, aber diesmal allein. Dort wird sie ihre Trauer zurücklassen – um ihres Mannes willen.

Beruhigt entlasse ich sie nach Hause. Um diese beiden wunderbaren Menschen brauche ich mir keine Sorgen mehr zu machen.

Viel essen und trotzdem schlank bleiben?

Präambel

Die Unsitte des Alles-Haben-Wollens – auch dessen, was einem nicht gegeben oder nicht erlaubt ist – führt zu abstrusen psychischen Verrenkungen, die oft nahe an ein Alles-verlieren-Werden heranführen. Eine dieser abstrusen Verrenkungen ist die Bulimie. Man könnte darüber streiten, ob sie ein echtes Krankheitsbild darstellt oder noch zu den vielen ungesunden Gewohnheiten gezählt werden kann, die Menschen sich zu ihrem Nachteil einüben und dann nicht so leicht wieder loswerden. Bemerkenswert ist jedenfalls, dass die Bulimie in Ländern und Bevölkerungsschichten, die den Hunger aus eigener Erfahrung kennen, unbekannt ist. Wo Essen rar ist und einen hohen Wert darstellt, spuckt es niemand mutwillig von sich.

Zweifellos ist die Bulimie eine traurige Frucht des Wohlstands. Sie entsteht aus dem unbändigen Wunsch, viel und genussvoll essen zu können, ohne zum unansehnlichen Fettkloß zu werden. Dabei steht nicht die Besorgnis um den eigenen Organismus im Vordergrund des Denkens, sondern die reine Gier nach momentaner Essenslust, die einem durch ein nachfolgendes Völlegefühl und durch zu eng gewordene Kleider eben vergällt wird. Gewönne die Besorgnis um den eigenen Organismus die Oberhand, würde man das ständig künstlich herbeigeführte Erbrechen sofort einstellen, denn es ist nicht so harmlos, wie es scheint. Die hochgewürgten Magensäfte zersetzen allmählich das Zahnfleisch und Zahnschmelz und erzeugen einen schalen Mundgeruch, der wiederum irgendwie übertüncht werden muss. Magen, Speiseröhre, Zähne und Mundhöhle kommen bei der Bulimie keineswegs unbeeinträchtigt weg. Gar nicht zu reden von dem Alternativprogramm, das sich Bulimiker manchmal ausdenken, nämlich zusätzlich Abführmittel zu schlucken, was auf Dauer erhebliche Schäden anrichtet.

Der menschliche Körper – und der tierische nicht minder – ist ein Wunderwerk sondergleichen. Wer jemals zum Beispiel per Ultraschall das präzise Zusammenspiel der Herzklappen beobachtet hat, das an die hundert Jahre ohne die geringste Unterbrechung ablaufen kann, wird sich der Verblüffung nicht erwehren können, was die Natur alles zustandebringt. Man muss nicht Medizin studiert haben, um die Ehrfurcht zu spüren, die einen packt, je mehr Geheimnisse des Körpers man lüftet. Je kundiger man sich macht, desto deutlicher wird sich auch abzeichnen, dass sich ein undurchschaubares letztes Geheimnis allein schon um unser „Existenzminimum“ rankt, wie Frankl unsere leibliche Existenz tituliert hat, und erst recht um unser „Existenztotum“, wenn man unsere geistig-humane Dimension mit einbezieht. Diese Ehrfurcht vor dem „Wunder unserer Existenz“ sollte uns grundsätzlich daran hindern, daran bedenkenlos herumzupfuschen – jeder unnötige Eingriff in unsere Natur ist einer zu viel.

Fallgeschichte

Der erste Kontakt

In meine Praxis kommt die 25jährige Ursula. Die hübsche Frau ist extrem unsicher und hat sichtlich all ihren Mut zusammenraffen müssen, um mit mir zu reden. Gleich als erstes sagt sie, dass sie 1,66 m groß und 62 kg schwer ist; das wäre ihr bisheriges Höchstgewicht. Sie weiß schon, dass es falsch ist, sich nur auf die Figur zu reduzieren, aber das ist bei ihr oft so. Leider. Bei anderen Menschen macht sie das nicht. Die nimmt sie so, wie sie sind, egal ob diese schlank oder dick sind. Sie weiß auch, dass sie der durchschnittlichen Norm entspricht, und dass ihr Aussehen eigentlich ganz in Ordnung ist. Trotzdem! Sie findet sich viel zu dick und würde sich viel wohler fühlen, wenn sie mindestens um sieben kg weniger wiegen würde, also so wie vor zehn Jahren. Es ist jedes Mal ein Drama für sie, wenn sie entdeckt, dass eine ihrer alten Hosen zu eng geworden ist. Das ganze Übel fing an, als sie 15 Jahre alt war und sich als zu dick eingestuft hat. Seitdem ist das Essen für sie ein Riesenproblem.

Das alles sprudelt aus ihr heraus. Man merkt, wie genau sie sich vorher zurechtgelegt hat, was sie alles vor mir bekennen will. Wir kommen miteinander ins Gespräch, aus dem sich Folgendes ergibt:

Seit ungefähr einem Jahr passiert es ihr immer wieder, dass sie Essen regelrecht in sich hineinstopft. Dabei ist es ihr egal, was es ist; sie verschlingt alles, was sie findet. Hauptsache: essen. Das geht so weit, dass sie Bauchschmerzen bekommt, weil ihr Magen überdehnt wird. Es ist unerträglich scheußlich, diese vielen Kalorien in sich zu haben, die würden für Tage reichen. Also geht sie danach in die Toilette und bringt sich zum Erbrechen, bis alles wieder draußen ist. Sie fühlt sich dann körperlich leichter, ist aber mit den Nerven völlig fertig. Die junge Frau ist verzweifelt. Sie empfindet es als peinlich, mir gegenüber diesen unappetitlichen Vorgang darzulegen, zumal sie weiß, dass sie selbst alles mit Leichtigkeit ändern könnte und müsste. Sie bräuchte nur kontrollierter zu essen, und alles wäre okay. Das klingt so einfach, aber die Wahrheit ist, dass sie es seit einem Jahr nicht schafft und sich selbst dafür hart verurteilt.

Schon oft hat sie sich den Kopf über der Frage zerbrochen, warum sie das nicht hinkriegt. Es wäre doch so simpel. Sie hat sich wiederholt vorgenommen, nur noch etwas zu essen, wenn sich der Hunger bei ihr meldet. Das klappt auch ein paar Tage ganz gut. Sie ist froh darüber und gönnt sich als Belohnung ein kleines Cookie. Schon geht es wieder los: Sie nimmt sich ein zweites und ein drittes und findet kein Ende mehr, bis die Packung leer ist. Anschließend werden alle Vorräte hergeholt und aufgegessen. Von wegen Belohnung, von wegen, sich etwas gönnen! Sie stopft sich voll, egal womit.

Dieses „Sich etwas gönnen wollen" greife ich auf und frage, ob das Sich-Vollstopfen eine Belohnung sein kann, „Nein, natürlich nicht", sagt sie. „Das Vollstopfen fühlt sich miserabel an, eher wie eine Strafe!" Deswegen erbricht sie ja auch. Noch schlimmer ist, dass sie sich danach dafür verachtet – aber was soll sie denn sonst machen? Sie will nicht zunehmen, auf gar keinen Fall. Im Gegenteil, sie will etwas abnehmen.

Wir reden darüber, welches Gewicht gesund ist, ab wann ein bedenkliches Übergewicht beginnt, und ob die Modelle magerer Personen wirklich ein Vorbild sein können. Ursula erzählt, dass sie sich alte Fotos von sich selbst angesehen hat. Sie war ein ganz normales Kind, eine schlanke Jugendliche. Das kann doch nicht sein, hat sie sich beim Blick auf diese Fotos gesagt. In ihrer gesamten Jugendzeit hat sie sich als viel zu dick empfunden, aber diese Fotos beweisen eindeutig, dass sie ein ganz normales, schlankes Mädchen gewesen ist. Sie schüttelt den Kopf und versteht sich selbst nicht.

Um das Problem in den Griff zu bekommen, hat sie sich überlegt, ob sie Gründe für ihr zu viel Essen eruieren kann.

1. Ihr ist aufgefallen, dass sie sich manchmal mit gutem und gesundem Essen belohnen will, aber dann ab einem bestimmten Punkt

den Ausstieg nicht mehr findet und in eine grenzenlose Völlerei abrutscht. Auch einen anderen Grund kennt sie.

2. Wenn sie schlecht gelaunt oder gelangweilt ist, überhaupt, wenn sie sich nicht allzu gut fühlt, dann versucht sie, die negativen Gefühle mittels Essen wegzuscheuchen. Ganz selten gelingt ihr das, meistens nicht. Daraufhin geht es ihr noch schlechter als zuvor.

3. Die nächste krisenträchtige Situation, die sie für sich als typisch erkannt hat, ist das genaue Gegenteil: Sie ist gut gestimmt, will sich mit Freunden treffen und freut sich auf einen Abend im Kino. Sie isst extra wenig, weil ausgemacht ist, dass sie und ihre Freunde vor dem Kinobesuch noch gemeinsam essen gehen werden. Je näher die Zeit rückt, zu der sie den Bus zum Treffpunkt nehmen muss, desto größer wird das Risiko, dass sie noch eine Kleinigkeit isst, denn Hunger hat sie ja. Sie nimmt ein Stückchen Schokolade oder eine Ecke von dem guten Käse im Kühlschrank oder öffnet eine Packung Kekse. Schließlich wird aus dem „oder" ein „und": Sie isst Schokolade und Käse und Kekse und was sie sonst noch an Vorräten hat. Dann telefoniert sie das Treffen ab, weil sie sich maßlos vollgestopft hat und es ihr nur noch widerlich ist. Statt zum Bus geht sie ins Bad zum Erbrechen.

Manchmal weint sie, weil das alles überhaupt nicht zu ihr passt. Sie ist doch ein Mensch, der gerne mit Leuten Kontakt hat. Sie denkt an ihre Oma, die sie so gerne mag. Vergangene Weihnachten ist sie trotzdem nicht zu ihr gefahren, weil sie ahnte, dass sie deren leckeren Bäckereien nicht würde widerstehen können. Was, wenn sie sich dort maßlos überessen hätte? Oma wohnt in einer kleinen Wohnung, da wäre ihr Erbrechen aufgefallen. Aber sich überessen und nicht erbrechen, das geht schon gar nicht. Es war mühsam genug, die Zeit bei ihren Eltern unangefochten zu überstehen.

Sie liebt ihren Beruf im Einzelhandel. Das ist auch der Grund, warum sie gerade jetzt zu mir kommt. Im kommenden Sommer wird sie die neu eröffnete Filiale eines Bekleidungsgeschäfts als Leiterin übernehmen – ein Traum wird für sie wahr! Sie möchte bei ihrem Arbeitgeber punkten und alles nach besten Kräften machen. Zuvor aber will sie diese Belastung aus der Welt schaffen, dieses fürchterliche mengenweise Essen und das Erbrechen müssen weg! Sie möchte auch noch ein bisschen schlanker werden. Als Chefin will sie mühelos chic aussehen, und das geht besser mit einer schlanken Taille. Was aber unbedingt überwunden werden muss, das ist die Selbst-Verachtung. Die gehört nicht zu einer Filialleiterin.

Sie kommt sich ungeheuer lächerlich vor, mit so einem Thema zu einer Therapeutin zu gehen. Es gibt wahrlich schlimmere Probleme auf der Welt – aber sie weiß sich einfach nicht zu helfen.

Zwischenbemerkung

„In der neurotischen Existenz rächt sich an ihr selbst die Defizienz ihrer Transzendenz" hat Frankl geschrieben und damit wieder einmal ins Schwarze getroffen. Ursula ist zweifellos eine sympathische junge Frau, klug, gesund, mit glänzenden Karriereaussichten – aber leider kreist ihr gesamtes Fühlen und Denken ständig um sich selbst, und das zeitigt verheerende Folgen. In ihren bisherigen Ausführungen zeigt sich jedoch neben einem dunklen Punkt auch ein heller Punkt. Was die Sachlage erschwert, ist eine Suchtneigung im Anfangsstadium, die in dieser Intensität nicht für jede Form von Bulimie charakteristisch ist. Das von Ursula geschilderte „nicht mehr aufhören können mit dem Essen" ist noch gefährlicher als ein zeitweises „nicht mehr aufhören wollen" aus Lustgründen. Was die Sachlage dem gegenüber in prognostisch günstiges Licht rückt, ist ihr starkes Motiv, dem Problem ein- für allemal zu entrinnen. Ein beruflicher Neuanfang, der mithelfen wird, sie aus ihrer Defizienz der Transzendenz herauszureißen, birgt gute Heilungschancen, die es zu nützen gilt.

Fortsetzung des Erstgesprächs

Ich bitte Ursula, mir zu erzählen, wann es das letzte Mal war, dass sie so maßlos viel gegessen und sich nachher erbrochen hat. Sie berichtet, dies sei erst letzte Woche gewesen. Sie wäre auf einer mehrtägigen Fortbildung in Hamburg. An einem Nachmittag hätten die Fortbildungsteilnehmer schon ab 15 Uhr frei, um durch die Stadt bummeln zu können.

Sie sei wahllos durch die Straßen gelaufen und habe sich Supermärkte angeschaut. Plötzlich stand sie vor einem Regal mit Naschereien, nahm die Produkte aus dem Regal und verglich minutiös die Nährwertangaben und die Kalorienzahlen. Danach legte sie die Sachen wieder zurück und wollte fortgehen. Aber sie wandte sich um und begutachtete alle Kekse, Schokoladen, Nusspackungen und Chips erneut. Sie fürchtete schon, von einem Marktarbeiter angesprochen zu werden, weil sie so auffallend lange vor dem Regal stand, Päckchen herausnahm, zurücklegte und nichts kaufte. Irgendwann hat sie aufgegeben und ihren Einkaufskorb bis oben angefüllt. Im Hotelzimmer hat sie dann gegessen und gegessen und gegessen … und erbrochen.

Gestern Abend sei die Versuchung auch wieder massiv gewesen, aber sie habe durchgehalten, weil sie heute den Termin mit mir hatte und sich geniert hätte, zugeben zu müssen, sich direkt am Abend zuvor vollgestopft und erbrochen zu haben. Es war knapp, ging aber gerade noch. Heute Abend sei sie mit Freunden verabredet – wisse aber nicht, ob sie nicht absagen werde wie schon so oft in den letzten Monaten.

Ich formuliere absichtlich grob: „Ich verstehe: Bevor Sie mit Freunden einen schönen Abend verbringen, fressen Sie lieber. Bevor sie die liebe Oma besuchen, fressen sie lieber. Das ist ihnen wichtiger.“

Ursula ist schockiert über meine Worte. „Nein, nein …“ Sie ist erschrocken über die harsche Formulierung, sagt aber nach einigem Zögern: „Obwohl … es stimmt. Es ist wahr. Was ich mache, ist eine abscheuliche Fresserei. Das bringt es auf den Punkt. Es sind hässliche Worte für ein hässliches Drama. Das ist kein Essen, was ich da mache, das ist wirklich ein Fressen, und zwar egal was.“ Sie schämt sich dafür sehr.

Auch schämt sie sich für ihre kleinen Speckröllchen in der Taille, die sie belasten. Die darf niemand sehen. Sie gesteht ein, dass sie sehr von männlicher Bestätigung ihrer guten Figur abhängig ist, aber genauso von der ihrer Freundinnen, die häufig über Kalorien, Traumgewicht und schickes Aussehen reden. Das sei einfach ein Hauptthema bei ihren Mädels-Treffen.

Ich wende ein, dass sie einen völlig im Normalbereich liegenden BMI-Wert (Body-Measure-Index) habe, doch sie antwortet: „Ja, das schon. Trotzdem möchte ich gerne zierlicher sein, denn Männer haben gerne ein zierliches Anhängsel.“

Auf meine Rückfrage, ob sie tatsächlich ein zierliches Anhängsel sein möchte, lacht sie. Nein – wenn jemand anderer das so formuliert, merkt sie, wie albern das ist. Ich erwähne einen berühmten Schauspieler, der sich soeben auf sein erstes Kind freut. Er hat eine Frau, die einen Kopf größer ist als er. Ist *er* denn ein nettes Anhängsel seiner Frau? „Aber nein! Das ist für mich überhaupt kein Problem“, ruft Ursula aus. „Bei andern stört es mich gar nicht, wenn sie keine Idealmaße haben! Ich denke immer nur an mich.“

Ich schmunzle innerlich. Besser als in diesem Resümee hätte Ursula die causa prima ihres Leidens gar nicht ausdrücken können. Nun, wenn sie nur an sich selbst denkt, dann soll sie dies einmal hinsichtlich einer großen und grundlegenden Entscheidung tun: *Was für ein Mensch will sie sein?* Eine Frau, die lieber frisst, statt mit Freunden beisammen zu sein? Eine, die lieber frisst, statt die Oma mit ihrem Besuch zu erfreuen? Eine Frau, die sich in endloser Nabelschau um sich selbst und ihre Essensangelegenheiten dreht? Will sie so sein?

Ursula schüttelt entsetzt den Kopf. Das will sie freilich nicht. Sie registriert selbst, dass bei ihr 80 von 100 Gedanken am Tag dem Essen und dem Schlank-Sein gehören. Das ist anstrengend und auch irgendwie lächerlich.

Einverstanden. Wenn sie das nicht will, gäbe es auch einen anderen Lebensstil. Sie könnte eine selbstbewusste junge Frau sein, die auf ihrem Weg zügig voranschreitet. Eine Frau, die niemandes Anhängsel, sondern eine liebe Freundin, eine gute Gesprächspartnerin, eine verlässliche Kameradin, eine tüchtige Angestellte ist.

Ich frage sie, ob sie folgendes nachvollziehen kann: Die angenehmsten Menschen sind diejenigen, die nicht ständig über sich nachdenken und ihre Unzufriedenheit mit sich selbst ausstrahlen, sondern diejenigen, die sich für ihr soziales Umfeld bzw. für ihr jeweiliges Gegenüber interessieren. In der Gegenwart solcher Personen fühlt sich jeder wohl und es entstehen schnell tiefergehende Gespräche. Mühsam hingegen sind diejenigen, die zum Beispiel pausenlos faseln, dass sie zu dick oder zu plump seien. Solche Personen erwarten dann auch noch, dass man ihnen widerspricht und sie als prächtig aussehend deklariert – eine ermüdende Geschichte! Es gäbe wirklich spannendere Themen.

Ursula wird sehr nachdenklich. Schließlich erwidert sie: „Das ist richtig. Ich kenne Leute, die einen mit ihrer Art total nerven. Man will sie zwar mögen, aber sie machen es einem zu schwer. Ich kenne auch andere, die nicht ständig über sich reden. Sie zu mögen, ist wirklich leichter."

Ich gebe ihr Zeit, weiter darüber nachzudenken. Sie hebt den Kopf und murmelt: „Wie empfinden die anderen Menschen mich?" Nach einer Weile gesteht sie sich ein, eher zu denjenigen zu gehören, die sich hauptsächlich um sich selbst drehen. Nicht immer, aber häufig … doch.

Nun, das hat sie in ihrer Hand. Ich traue ihr viel mehr zu als so eine allseits belastende Egozentrik. Wenn sie wieder einmal in den Spiegel schaut, dann soll sie sich nicht auf ihre Körpermaße, sondern auf ihre gedankliche Flexibilität hin prüfen. Und sollte sie um sich selbst trudeln, dann sollte sie dies energisch als unerwünscht abstoppen. Das ist nicht die Frau, die sie sein will.

Der zweite Kontakt

Bei unserem nächsten Treffen berichtet Ursula, dass sie nach unserem Gespräch ganz euphorisch war. Es war zwar herausfordernd, über all das nachzudenken, was wir besprochen hatten, aber es war produktiv. Sie hat sich problemlos mit ihren Freunden getroffen und war ein paar Tage lang ganz beschwingt. Sie hat sich immer wieder gefragt: „Was will ich denn? Will ich fressen oder will ich einen schönen Abend erleben?“ – Dann hat sie sich prompt sinnvoll entschieden und schöne Begegnungen erlebt.

Vorgestern gab es allerdings einen inneren Kampf. Nach dem Abendessen war die Gier wieder da, der Drang, noch etwas zu essen. Sie war zwar satt, aber alles in ihr wollte unbedingt noch etwas mehr. Sie ging eine Runde spazieren und blieb am Süßwarenkiosk am Bahnhof stehen. Dort kaufte sie sich eine Tafel Schokolade und beschloss, ein bisschen davon zu naschen, aber mindestens eine Hälfte für den nächsten Tag aufzuheben. Der Vorsatz war gut und klar, geschafft hat sie es dennoch nicht, auf die zweite Hälfte der Tafel zu verzichten. Auf dem Weg nach Hause hat sie ein Schokoladenstückchen nach dem anderen geknabbert. Dennoch, ein „Gefresse“ wurde im Anschluss daraus nicht! Sie erklärt, das war ein üppiges Naschen aber noch kein ausgewachsener Fressanfall, denn es blieb bei dieser einen Tafel Schokolade.

Wir reden über essen – viel essen – fressen. Wünschenswert ist ein Essen, das den Hunger stillt, im besten Fall mit gesunden Nahrungsmitteln. So möchte sie leben. Viel essen, das ist, wenn man über die Stränge schlägt und mehr isst, als der Körper braucht, eine ganze Tafel Schokolade zum Beispiel. Fressen jedoch nennen wir ein sich Vollstopfen mit allem Möglichen und ohne Rücksicht auf jedes Maß. Das soll und darf es bei ihr nicht mehr geben. Und wenn es wider alle Vernunft passieren sollte, hake ich nach, dann darf es kein

Erbrechen mehr geben, niemals wieder! Dann ist das zusätzliche Speckröllchen eben die logische Strafe, die sie in Kauf nehmen muss. Sie wehrt heftig ab. Nein? Na dann: Beizeiten Hände weg vom Vollstopfen!

Ursula erwähnt, dass es am Vortag wieder extrem schwer für sie war. Sie hatte nur ein Käsebrot zu Abend gegessen und war satt, aber die Gier nach weiterem Essen war da. Schließlich ist sie in den Supermarkt gegangen und stand eine volle Stunde vor den Regalen! „Wer mich beobachtet, muss denken, ich spinne", sagt sie über sich selbst. Schließlich hat sie bloß eine Flasche Mineralwasser gekauft. Das war *außerordentlich schwer,* meint sie, und sie hat es nur deswegen geschafft, weil sie an unser heutiges Gespräch dachte. Sie wollte mir auf keinen Fall beichten müssen, am Tag zuvor eine Fressattacke gehabt zu haben. Im Endeffekt aber hat sie sich geärgert, weil sie es nur für die Therapeutin gemacht hat und nicht für sich selbst.

Ich gratuliere ihr allerdings! Zugegeben, der Termin heute bei mir hat ihr gestern geholfen, aber es war ein großer Verzicht, der ihr gelungen ist: Sie hat Wasser gekauft statt der vielen lang betrachteten Lebensmittel! Mehr noch, es ist ihr gelungen, mit einem unangenehmen Gefühl nach dem einfachen Abendessen gut umzugehen. Ich beglückwünsche sie zu dem zweifachen Verzicht, der einen großen Sieg bedeutet. Auch irrt sie, dass sie diesen Doppelverzicht nur *für mich* geleistet habe. Vielleicht hat mitgespielt, dass sie vor mir nicht schwach dastehen wollte, aber de facto hat sie den Sieg für die Frau errungen, die sie selbst sein und werden möchte.

Wir sprechen darüber, wie unverhältnismäßig groß der Raum ist, den das Thema Essen in ihrem Leben einnimmt. Wenn jemand selten nach Hamburg kommt und bei dieser seltenen Gelegenheit Zeit für eine Besichtigungstour bekommt, ist es doch recht ungewöhnlich, wenn er bloß Lebensmittelregale besichtigt. Ursula aber hat nichts Anderes mit ihrer Freizeit anzufangen gewusst. Dabei verhält sie sich absolut widersprüchlich. Sie will sich gesund ernähren und kennt sich bestens aus, welche Nahrungsmitteln welchen wertvollen Beitrag für den Körper haben. In ihrer Fixierung auf den Essensbereich überlegt sie bei allen Lebensmitteln, wie viele Kalorien, Ballaststoffe und andere Inhaltsstoffe diese haben. Dann aber lässt sie sich just von eher ungesunden Leckereien verführen. Und noch eine Inkonsequenz: Entweder legt sie einen Tag ein, an dem sie gar nichts isst – im Kampf gegen die Speckröllchen – aber dem folgt meistens ein Tag mit sehr kräftigem Essen, der den kargen Tag wieder zunichte macht. Oder aber der Hunger ist einfach zu groß und sie tappt ungehemmt in die Suchtfalle. Ursula seufzt. Nichts essen oder viel essen oder alles in sich hineinstopfen – wie nur soll sie es bei diesem ständigen Wechselbad schaffen, nicht ans Essen zu denken?

Ich greife auf das bekannte Exempel zurück und bitte sie: „Denken Sie jetzt nicht an einen violetten Elefanten!“ Schwupps – schon hat sie den Elefanten im Kopf. Wie wird sie diesen violetten Elefanten wieder los? Sie braucht nur kurz nachzudenken: „Indem ich an ein oranges Krokodil denke“ sagt sie lachend. Eine ausgezeichnete Antwort!

Umgelegt auf ihr Essproblem heißt das: „Ich suche mir andere wichtige Themen und Inhalte, mit denen ich mich befasse.“ Das könnte der bevorstehende Umzug im kommenden Sommer sein, ein geplantes Treffen mit Freunden, das Aufräumen des Wohnzimmers, ein spannendes Buch und vieles mehr. Alles, wirklich alles, ist für Ursulas Reflexionen geeigneter als der nicht enden wollende gedankliche Tanz um das Essen. Wir lassen die Fantasie spielen und finden ein Menge Dinge in ihrem Leben, die wichtiger und wertvoller und schöner sind.

Bevor sie mich verlässt, erinnere ich sie daran, wie viel ihr schon geglückt ist. Ihr letzter Fressanfall war bei der Fortbildung in Hamburg. Wäre das nicht ein herrlich entfernter Ort, um den Fressanfall dort für immer ruhen zu lassen? Seither wogt zwar ein Auf und Ab in Ursulas Tagen, und manchmal hat sie zu viel gegessen, aber sie hat seit der Fortbildung in Hamburg nie mehr erbrochen! Es gab dafür gemischte Motive, doch das Ergebnis ist, dass sie bislang durchgehend widerstanden hat. Zwar unterschiedlich glänzend ... egal: Geschafft ist geschafft. Die Stunde im Supermarkt – prima, dass sie der Versuchung mit nur einer Flasche Wasser entkommen ist. Die Tafel Schokolade – sie hat eben mal reichlich genascht. Sie ist ein bisschen eingeknickt, aber stets als Siegerin herausgekommen, und das zählt. Gutgelaunt verpassen wir ihrer Bulimie den Namen „Bulli“ und drehen dieser die Lebenskraft ab. Sie möge in dem Hamburger Hotel zum letzten Mal ihr Unwesen getrieben haben und dort auf Dauer bleiben.

Der dritte Kontakt

Auch bis zum nächsten Termin bleibt Ursula stabil. Ihre Essensgier meldet sich gelegentlich, verpufft aber jedes Mal. Statt Langeweile tauchen neue Pläne auf, und ihr Lebensgefühl steigt. Ursula fragt sich in heiklen Momenten, ob sie essgestört bleiben oder lieber ein freies Leben führen will – und gewinnt sofort die Oberhand. Der Verzicht auf die ungebremste Fresserei eröffnet ihr ein neues Selbstbewusstsein. Bulli bleibt in Hamburg.

Heute drückt sie eine andere Frage. Sie ist von einem früheren Jugendfreund namens Viktor zu einem Wochenende am Gardasee eingeladen worden. Viktor hat sich einen gebrauchten Transporter als Wohnmobil umgebaut und will ihn als Reisewagen testen. Ursula sagt, das würde sie gerne. Sie und Viktor seien alte Kumpels aus Kindertagen und hätten schon manches Abenteuer miteinander erlebt. Aber …

Das erste Aber heißt: Er könnte ihre Speckfalten sehen. Das darf nicht sein. Das nächste Aber schließt sich an: Was, wenn sie schwach wird und Berge von Lebensmitteln kauft und isst? Was würde Viktor über sie denken, wenn er das mitkriegt? Und: Heimlich erbrechen wäre komplett unmöglich. Bei einem solchen Wochenende mit dem Wohnmobil-Transporter gibt es keinen Rückzug.

Ich frage ein bisschen nach. Nein, sie will keine Liebesbeziehung zu Viktor, und er auch nicht zu ihr; sie beide sind einfach alte Freunde. Nein, sie will nicht vor ihm glänzen, dazu kennen sie sich zu lange. Welche Rolle spielen dann irgendwelche Speckfalten? Eigentlich keine, antwortet sie und überlegt: Die dürften nicht einmal bei dem Mann, den sie vielleicht eines Tages heiraten wird, eine Rolle spielen. Es kommt doch darauf an, was für ein Mensch man ist.

Exakt so ist es! Das Aber bezüglich irgendwelcher Speckfalten wird verabschiedet.

Wie viel Interesse hat sie überhaupt an dieser Reise? Größtes Interesse, schwärmt sie, sie liebt Reisen, sie spricht sogar ein bisschen Italienisch, und mit Viktor war es stets sehr lustig. Sie würde gerne fahren ... wenn nur diese Fressgefahr nicht wäre.

Ich argumentiere, dass diese Gefahr am Gardasee geringer wäre als zu Hause, denn sie wäre ja nicht allein. Ihr Freund würde als sympathische soziale Kontrolle fungieren, gleichsam als Sicherheitsschranke. Wir scherzen: Außerdem wäre sie dann noch weiter von Hamburg entfernt, und da läge doch die verendende Bulli, die den Weg zu ihr nicht finden wird.

Sie verlässt mich mit einem Lachen und leichten Herzens: Jawohl, es geht ohne Bulli durchs Leben und ohne Bulli an den Gardasee!

Der vierte Kontakt

Als Ursula wiederkommt, erklärt sie gleich zu Beginn stolz, dass sie den heutigen Termin gar nicht gebraucht hätte. Es geht ihr gut. Bei der Reise hat sie kaum mehr ans Essen gedacht, weil so viel Sehenswürdiges zu bestaunen war. Für ihre Körpermaße hat sich Viktor überhaupt nicht interessiert – und sie sich allmählich auch nicht. Eine gefährliche Situation hat es allerdings gegeben. Sie waren beide auf einem Pizza-Fest. Der Eintritt kostete 15 €, und dafür durfte man einen Abend lang jede Menge Pizza aller Sorten essen, so viel man wollte. Ursula begriff, dass es geradezu eine generelle Einladung zum „Fressen“ war. Und wieder hat sie sich gefragt: Was will ich? Will ich mich bis zur Bewegungslosigkeit vollfressen oder will ich mit Viktor und vielen anderen jungen Leuten einen fröhlichen Abend erleben? Die Entscheidung war schnell gefällt. Es wurde eine wunderbare Zeit, in der sie lustvoll gegessen, aber nicht „gefressen“ hat.

Sie geht in optimistischer Stimmung nach Hause. Bulli ist in Hamburg deponiert, und ich gebe Ursula nur noch Kontrolltermine in großen Abständen.

Der fünfte Kontakt

Bei unserem nächsten Gespräch erzählt Ursula von einem Tag bei ihren Eltern. Eine liebe Tante von ihr war gestorben, und die Beerdigung fand in ihrem Heimatort statt. Ursula war sehr traurig und dachte am Abend, sie könnte noch zur Tankstelle gehen und sich eine Extraportion Eis holen. Vielleicht würde dies ihre Laune an diesem schweren Tag ein wenig heben. Sie war schon am Gehen, als ihre beiden Kusinen vorbeikamen, und die Gelegenheit für die Familienpackung Eis weg war.

Wir erörtern, wie viel Eis man essen muss, damit die Trauer um einen geliebten Menschen weg ist. Ursula erkennt den Unsinn. Das funktioniert nicht, sieht sie ein, aber das bedenke sie in einer solchen Situation nicht. Es sei ein Glück für sie gewesen, dass die Verwandten vorbeikamen.

Der Tag bei ihren Eltern sei sowieso schwierig gewesen. Ihre Mutter stellte für die Trauerverwandtschaft überall Knabberzeug und Süßes in Schälchen ins Wohnzimmer. In der Küche gab es den Vorratsschrank mit lauter guten Sachen, da war Willenskraft nötig, um nicht daranzugehen. Ursula wusste nicht, ob sie sich noch hätte kontrollieren können, wenn sie erst einmal mit dem Knabberzeug angefangen hätte.

Ich bestätige ihre Vorahnung und breite den realen Sachverhalt vor ihr aus. Die Ess-Brech-Sucht rangiert im Grenzbereich zu den Süchten und mitunter schon darüber, weswegen der Weg daraus fast nur durch ein *abruptes Ende* gangbar ist. Ein solches ist Ursula gelungen, als sie Bulli in Hamburg zurückließ. Aber nach einem derart fulminanten Start in die Freiheit ist man noch lange Zeit äußerst verleitbar. Für Ex-Drogensüchtige gilt sogar, dass sie nicht nur ihre Drogen, sondern sämtliche Orte und Stadtviertel meiden müssen, in denen sie früher ihre Drogen erworben haben. Trockene Alkoholiker machen besser einen weiten Umweg um Wirtshäuser und Bars. Und Ursula *ist für S*ucht anfällig! Das beweist ihre irrationale Vorstellung, sie könnte Trauergefühle durch Eisessen reduzieren. Alle Suchtkranken wollen mit ihrem Suchtmittelkonsum schlechte Gefühlslagen kompensieren und angenehmere herbeizaubern. Obwohl in Ursulas Fall die Fressorgien nicht einmal kurzfristig angenehme Gefühle bei ihr bewirkt haben, hat sich diese irrationale Vorstellung in ihrem Gehirn festgesetzt und wispert ihr in Risikosituationen das falsche Versprechen auf Wohlbefinden zu. Sie hat bei ihren Eltern, wo überall Knabberzeug herumstand, den Sog solcher Verführung gespürt – und es kostet enorme Kraft, ihn zu ignorieren. Da muss man sich schützen, so gut es geht.

Zum Sich-Schützen passt ideal, dass sie mittlerweile eine Wohnung in der Nähe ihres neuen Arbeitsplatzes gefunden hat. In drei Wochen wird sie umziehen. Es ist eine kleine, aber feine Neubauwohnung, in der sie die erste Mieterin ist. Die funkelnagelneue Sanitäreinrichtung darin soll den Neuanfang symbolisieren und niemals für absichtliches Erbrechen missbraucht werden. „Ja!“ sagt sie, das nehme sie sich eisern vor.

Der sechste Kontakt

Wir treffen uns ein letztes Mal. Ursula ist inzwischen Filialleiterin im jüngst eröffneten Modegeschäft, was ihr viel Verantwortung aufhalst. Der Beruf ist anstrengend, macht sie aber dennoch sehr glücklich. Zweimal hat sie eine Tafel Schokolade auf einen Sitz aufgegessen, aber sonst bleibt sie ihrem Vorhaben treu und isst möglichst gesunde Sachen in zuträglichen Portionen. Nur ein einziges Mal ist sie ausgerutscht und hat ziemlich viel Essen in sich hineingestopft. Aber es kam zu keinem Erbrechen. Nein, nicht in dieser schönen neuen Wohnung! Es war ein grausiger Abend mit kugelrundem Bauch. Sie hat schlecht geschlafen und sich fest vorgenommen: „Das war das allerletzte Mal! Das tue ich mir nie wieder an!“

Da sie mich seither nicht mehr kontaktiert hat, gehe ich davon aus, dass sie ihren Vorsatz tapfer verwirklicht.

Der Feind neben mir – Szenen einer Ehe

Präambel

Es gibt einen großen Prozentsatz von Personen, die nicht im klinischen Sinne psychisch krank sind, aber dennoch in ihrer Persönlichkeit Schwachstellen aufweisen, die sich ungut auswirken. Das Zwischenfeld zwischen noch normal und bereits persönlichkeitsgestört ist schillernd und breit. Man könnte Personen in diesem Zwischenfeld als "deviant" bezeichnen, und zwar insofern „vom Weg abweichend“, als sie oft auf Situationen unangemessen reagieren, Probleme verschärfen, Konflikte hervorrufen, ihre Emotionen zu wenig kontrollieren, ihre Kommunikation störrisch und stur steuern, empathiearm sind und sich insgesamt bei ihren Aktionen und Unternehmungen ungeschickt und Eskalationen schürend verhalten. Das reizt und nervt ihre Mitmenschen, denen dann auf die eine oder andere Art der Geduldsfaden reißt. Deviante Personen kassieren demzufolge eine Menge Zurückweisung und Kritik, was sie noch unfreundlicher und asozialer werden lässt. Aber sie sind eben schwer auszuhalten, und das macht es ihnen wiederum schwer, ihr eigenes mit Reibereien behaftetes Leben auszuhalten.

Natürlich wollen auch deviante Personen Partner und Partnerinnen haben, Familien gründen und die Geborgenheit eines gemütlichen Zuhauses genießen. Im Trubel des ersten Verliebtseins und der aufstrebenden Hoffnung, endlich eine tragende Stütze und Zugehörigkeit gefunden zu haben, greifen sie auch manchmal neue Anregungen und Impulse auf und vermögen sich mit einiger Anstrengung zu bessern. Häufiger jedoch fallen sie im Zuge der Alltagsroutine in ihre alten Habit-Muster zurück, und dann beginnt es, in ihrem Familienleben zu rumoren und zu kriseln. Dann erleben sie wiederum Zurückweisung und Kritik, und wiederum reagieren sie auf jedwede Kleinigkeit inadäquat. Der große Krach bahnt sich unaufhaltsam an.

Es stellt sich die Frage, wie ihnen zu helfen sei. Im Grunde müsste man ihnen einen „Leben-Lern-Kurs“ anbieten, was aber jeglichen Zeit- und Geldrahmen sprengen würde. So muss man sich damit begnügen, ihnen im Akutfall Regeln eines friedlichen und gütlichen Miteinanders nahezubringen und darauf zu bauen, dass sie noch änderungsfähig sind, auch wenn sie zeitlebens ein wenig seltsam bleiben werden. Es gibt sowieso kein gültiges Kriterium, anhand dessen man Normalität definieren könnte, und Diversität ist in der ganzen biologischen Welt ein Naturprinzip. Es geht nur darum, das unnötige Elend zu verhindern, das Menschen sich aus Schwäche oder Unkenntnis gegenseitig zufügen. Und solches Elend wogt landauf, landab – nicht nur an den kriegerischen Fronten, sondern in den Wohn- und Schlafzimmern der Familien. Was würde unnötiges Elend in erster Linie verhindern? Eigentlich wäre es ganz einfach: *Ein genereller Verzicht darauf, überschießenden Emotionen wie Wut, Hass, Angst, Neid, Begehren etc. blindlings nachzugeben.*

Bevor wir uns dazu Beispiele aus meiner Beratung von (Ehe-) Partnern ansehen, sei noch eine Bemerkung zur politischen Gegenwartslage eingefügt. Im Jahr 2024 war des Öfteren in den Medien zu hören, dass über Waffenlieferungen in Milliardenkostenhöhe gefeilscht wurde oder solche bereits getätigt worden seien. In denselben Sendungen wurde die gestiegene Jugendgewalt in und außerhalb von Schulen beklagt. Man müsse das Budget für Gewaltprävention aufstocken, so hieß es ständig. Aber wie kann man jungen Menschen die Notwendigkeit und Sinnhaftigkeit eines Gewaltverzichts erklären, wenn sie ständig mit Nachrichten über Bodenoffensiven, Drohnenangriffe, Verteidigungsbündnisse, Rache-Ankündigungen und atomare Drohgebärden der Erwachsenen bombardiert werden? Wie kann man ihnen das Tragen von Waffen und scharfen Messern untersagen, wenn die Regierenden dieser Welt keine anderen Antworten auf völkerrechtliche Dissonanzen haben als aufzurüsten? Man könnte geradezu provokant fragen: Wird unsere Welt von devianten Potentaten gelenkt?

1. Szene einer Ehe

Die langjährigen, intakten Ehen gibt es, aber über die kann ich aus meiner psychotherapeutischen Praxis nicht berichten, denn glückliche Paare kommen nicht zur Eheberatung. Paare, die bei mir einen Termin buchen, haben meistens schon mehrfach selbst versucht, die Risse in ihrer Beziehung zu kitten. Erst wenn ihnen dazu nichts mehr einfällt, suchen sie Rat von außen. So war es auch bei Wanda, die zum Einzelgespräch zu mir kam.

Sie ist Angestellte in der Stadtverwaltung, ihr Mann ist Krankenpfleger. Beide sind seit acht Jahren verheiratet und haben ein gesundes Töchterchen von sechs Jahren, das beide innig lieben.

Wanda macht sich viele Gedanken darüber, wie ihr Kind gut aufwachsen und später selbstbewusst und frei leben kann. Sie denkt, dazu braucht sie die Stütze und Geborgenheit von ihrem Mann. Doch wenn sie ihm dies sagt, erhält sie nur die barsche Antwort: „Suche dir dafür jemand anderen." Das sei typisch für ihn, erzählt sie mir. Er sei cholerisch, verschlossen und schreie viel herum. Es gäbe keine konstruktiven Gespräche mit ihm. Auch das Kind merke das, deswegen habe sie kürzlich zu ihrer Tochter gesagt: „Der Papa kann nicht anders, nimm dir das nicht zu Herzen." Der Vater ihres Mannes sei genauso, fährt Wanda fort. Auch der würde herumbrüllen, dass man es weithin im Dorf hören könne.

Ich wundere mich über die „schreienden Männer" und frage, wie denn ihre Schwiegermutter mit dem häufig herumbrüllenden Ehemann umgehen würde. „Ach“, sagt Wanda, „die lacht nur.“ Er sei halt „ihr kleiner Schreihals“. Das „klein“ passe auch deswegen, weil die Schwiegermutter ihren Mann um einen Kopf überrage. Mit dem lächelnden Ignorieren der Schreierei schaffe es die Schwiegermutter, unter der männlichen Lautstärke nicht zu leiden und eine insgesamt recht zufriedenstellende Ehe zu führen.

Ich werfe ein: Kann es sein, dass die Strategie der Schwiegermutter eine Generation übersprungen hat und in Variation von Wanda an ihre Tochter weitergegeben wird? „Der Papa ist halt so“, das heißt, die Tochter möge sich nicht beunruhigen.

Es ist schwer, mit einer lautstarken Person zusammenleben zu müssen, das gefällt niemandem. Ein cholerischer Vater und sein cholerischer Sohn – beide sind eine wahre Last für ihre Mitmenschen. Wie erzieht man Erwachsene um? Dieses Geheimnis möchte die Menschheit gerne kennen.

Wenn das Geschrei nicht zu verändern ist, kann man immerhin seine eigene Haltung zum Unveränderbaren selbst bestimmen. Man kann zurückkreischen, man kann vernünftig antworten, man kann höflich um Ruhe bitten, man kann sich die Ohren zuhalten, man kann das Radio voll aufdrehen, man kann allen Ärger in sich hineinfressen usw. Die Schwiegermutter hat eine kluge Variante gefunden. Sie nimmt die Lautstärke nicht tragisch, lächelt und kann sich mit ihrem „kleinen Schreihals“ arrangieren.

Wanda schmunzelt: Auch sie selbst sei körperlich eine Winzigkeit größer als ihr Mann. „Aber ich bin nicht so souverän wie meine Schwiegermutter. Ich sage ihm oft, dass ich Zärtlichkeiten brauche – und er reagiert dann mit dem bekannten Spruch, ich möge mir jemand anderen dafür suchen. Wenn ich schnippisch mit ‚ja, gerne‘ antworte, geht der Streit aber erst richtig los.“ Wie kommt sie aus dieser Frust-Spirale heraus?

Druck erzeugt Gegendruck

Ich gehe mit Wanda gedanklich einen Schritt zurück. Wir überlegen, ob und wie man einen anderen Menschen ändern kann. Bei kleinen Kindern funktioniert das noch in Grenzen, das will und schafft die Erziehung bis zu einem bestimmten Grad. Aber spätestens in der Pubertät, oft sogar schon lange vorher, merken die Eltern, dass die Kinder von ihnen nur das annehmen, was sie annehmen *wollen* – der Rest wird rebellisch weggewischt oder mittels passiven Widerstands unterminiert. Das Verhalten eines Erwachsenen ändern, das geht vielleicht kurzfristig unter Zwang. Mit Druck mag es gelingen, jemandem ein anderes Verhalten abzuringen. Solange dieser Druck groß genug bleibt, wird der andere murrend machen, was man von ihm verlangt. Sobald der Druck nachlässt, wird alles wieder umkippen. Zudem: Ein Ehepartner, eine Freundin, eine Kollegin, die in Beziehungen mit Druck arbeitet – wer bleibt schon gerne in deren Nähe? Jeder, der kann, wird flüchten.

Wanda bestätigt das. Sie hat eine Kollegin, die im vorigen Monat relativ dominant zu ihr gesagt hat: „Nächste Woche habe ich Geburtstag. Backe einen Kuchen für mich und bringe ihn mit ins Büro." Es ist das alte Problem der Einforderung von Geschenken, über das ich schon mit meiner Patientin Sarah gesprochen habe. Auch Wanda reagierte empfindlich auf dieses Problem. Sie hätte ihrer Kollegin mit Freuden freiwillig einen Geburtstagskuchen gebacken, aber wegen dieses Befehls ist ihr jede Freude am Kuchenbacken vergangen. Sie will nicht benützt oder herumkommandiert werden. Ich fasse die Quintessenz unseres Diskurses zusammen: Erwartungen, Forderungen, Befehle im zwischenmenschlichen Bereich zerstören jede Freiwilligkeit, auf die Liebe und Freundschaft im Kern angewiesen sind.

Wir kommen zurück zu Wanda und ihren Mann. Ihre wiederholte Forderung Nr. 1 an ihn lautet: „Gib mir Stütze und Geborgenheit!" Ihre wiederholte Forderung Nr. 2 an ihn lautet: „Gib mir Zärtlichkeiten!" Ermuntert dies ihren Mann zu einem innigen Kuss?

Wanda erkennt die Absurdität ihres Drängens. „Aber was soll ich denn sonst tun?“, ruft sie. „Ich habe ihn aus Liebe geheiratet, ich will doch, dass wir gemeinsam alt werden, und ich will ein stabiles häusliches Milieu für meine Tochter!“

Aggression erzeugt Gegenaggression

Ich hole ein Stück Papier und male einen Kreis, an dessen linkem Rand eine Person A steht, und an dessen rechtem Rand sich eine Person B befindet. A sendet (absichtlich, irrtümlich oder ahnungslos) per oberem Kreisbogen dem B ein Minus zu. Was wird B vermutlich tun? B wird sich das nicht gefallen lassen. Weil er ein Minus an die Backe bekommen hat, schickt er per unterem Kreisbogen auch ein Minus zurück: A hat sich das schließlich verdient. A ist selbst schuld an dem retour gesendeten Minus. Das wiederum ärgert A gehörig. A fühlt sich jetzt berechtigt, B noch einmal und diesmal ein dickes Minus zuzuschicken. Und schon ist ein Teufelskreis in Gang gesetzt, der automatisch in einem immer heftigeren Schlagabtausch von Minus zu Minus weiterläuft. A und B glauben sich durchaus im Recht, das Schmerzvolle zwei- und dreifach heimzahlen zu dürfen, das sie von der Gegenseite erhalten haben. So entstehen Kriege zwischen Ehepartnern und Völkern, denn ob es sich bei A und B um einzelne Menschen oder um benachbarte Länder handelt, ist vom Prinzip her gleich.

Wanda begreift das sofort. „Es stimmt“, nickt sie. Wenn ihr Mann grobe Sätze zu ihr sagt, dann reagiert sie herablassend und spöttisch. Das kann er nicht ertragen und beginnt, sie anzuschreien. Schreien ist aber für sie ein No-Go. Sie will sich von niemandem anschreien lassen, also lässt sie ihn einfach stehen, packt ihre Tochter und läuft mit dieser zum Spielplatz. Auf das nächste ruhige, freundliche Wort von ihr kann er lange warten. Ja, sie kennt solche Teufelskreise. Ihr Mann und sie verfangen sich darin immer wieder, deshalb ist ihre Ehe so unerfreulich geworden. „Was kann ich da bloß tun?“ fragt sie erneut.

Ich lenke ihre Aufmerksamkeit auf das skizzierte Schema, das vor uns auf dem Tisch liegt. Was würde passieren, wenn einer von beiden, A oder B, etwas völlig Überraschendes täte, etwas, das von der Gegenseite nicht erwartet wird? Was wäre zum Beispiel, wenn A zwar ein Minus von B empfangen hat, aber ein Plus an B sendet? Das wäre unerhört! Damit hat B natürlich nicht gerechnet. Was wird B jetzt machen? Wieder ein Minus schicken? Das kann er vor sich selbst schlecht begründen, denn ein Plus zu erhalten und ein Minus zurückzusenden – das ist irgendwie nicht in Ordnung. B ist irritiert. Vielleicht ist er so konfus, dass er trotzdem noch einmal ein dickes Minus an sein Gegenüber losschickt. Aus Gewohnheit sozusagen. Denn A kann sich ja schließlich vertan haben.

Bringt es A jedoch fertig, ein zweites und notfalls sogar ein drittes Mal ein Plus in Richtung B auf den Weg zu bringen, gerät der Teufelskreis ins Schleudern. Auf einige noch dazu unverdiente Plusse wiederum ein Minus daraufzusetzen ... nein, das geht nur bei gezielter Bosheit. Aber B will sich noch im Spiegel anschauen und mit sich im Reinen sein können.

Mein Gedankengang berührt Wanda. Sie ist erstaunt und meint: „Wenn die Rechnung aufgeht, dann hat derjenige, der die ersten „unverdienten“ Plusse an den Gegner zustande bringt, die Macht, einen ganzen Teufelskreis zu sprengen.“ Genauso ist es. Die wahrhaft Starken sind nicht die permanenten Minus-Verteiler. Die sind schwächlich und geben nur primitiv zurück, was sie empfangen haben. Gleiches für Gleiches. Einen qualitativen Sprung hingegen schaffen die Tapferen und Noblen, diejenigen, die allem zum Trotz ein Plus zustande bringen.

Der Rest der Therapiestunde vergeht mit einer fantasievollen Suche, was in Wandas Alltag konkret ein solches Vorschuss-Plus an ihren Mann sein könnte. Die für sie völlig neue Idee, künftig weniger von ihm zu erwarten, dafür aber gelegentlich ein unerwartetes Plus an ihn auszusenden, ist geboren. Das will sie ausprobieren.

Denn im Grunde ist sie ihrem Mann zugetan. Sie hat mir bisher nur Schlechtes über ihn erzählt, aber sie gesteht: Das ist kein korrektes Bild von ihm. Er bringt sie auch zum Lachen. Sie sind ein prima Team beim Renovieren des Hauses. Beide hängen an dem Töchterchen, dem er ein fröhlicher und guter Vater ist. Sie könnte noch viel mehr Positives aufzählen, sagt sie. Das ist ihr alles aus dem Blick gerutscht zwischen den vielen Enttäuschungen und Beschwerden der letzten Zeit. Aber die neuen Denkimpulse werden frischen Wind in ihre Ehe bringen, so hofft sie.

Ich hoffe mit ihr.

2. Szene einer Ehe

Um einen Gesprächstermin bittet Xaver, ein Lehrer für Sport und Mathematik.

Er war 12 Jahre lang eigentlich glücklich verheiratet, bevor er Yvonne begegnet ist. In dem Moment war er auf Anhieb von der jungen Frau derart fasziniert, dass er ihrem Kokettieren schnell erlag. Anfangs bedeutete sie für ihn nur eine Affäre. Yvonne war selbst verheiratet und wohnte 200 km von Xaver entfernt. Sie hatte einen guten Job, war leitende Angestellte in der Onkologie einer Klinik. Yvonne und Xaver tüftelten gemeinsame Treffen für Zeiten aus, in denen sie sich auf Fortbildungen befanden. Das flog jedoch auf, und es kam zur Scheidung bei beiden. Bald waren sie füreinander frei.

Aber Xaver verhielt sich abwartend. Er zögerte, gleich mit Yvonne zusammenzuziehen. Obwohl sie Deutsche war, nannte er sie oft scherzhaft „meine kleine Italienerin“, weil sie sich so temperamentvoll verhielt. Sie stritt schnell, redete ohne Unterlass, lebte ihre Gefühle überschwänglich aus, mit ihr war es nie langweilig. Er fand sie äußerst attraktiv und mochte sie gerne, aber seine überschäumende Liebe war sie nicht. Eine Affäre mit ihr – ja, so hätte es für ihn bleiben dürfen.

Für Yvonne sah dies anders aus. Sie kündigte ihre Arbeitsstelle und fand in kurzer Zeit eine vergleichbare Position in Xavers Stadt.

Dort angekommen zog sie einfach zu ihm. Xaver fand das enge Zusammenleben mit ihr äußerst anstrengend, aber auch sehr schön. Beide tranken oft und viel. Zu viel. Wiederholt kam es vor, dass Yvonne Xaver nach Hause führen musste, weil er sich restlos betrunken hatte und nur noch dahinstolperte. Den gestiegenen Alkoholkonsum merkten auch seine Freunde. Sie rieten ihm, er solle sich von Yvonne trennen. Sie wäre nicht gut für ihn, denn durch sie sei er auf diesen alkoholschwangeren Abweg geraten.

Aber so simpel war die Problembehebung nicht. Denn es war gerade Yvonne, die gelegentlich rigoros durchgriff und Xaver die Flasche wegnahm, damit es nicht zu noch mehr Fehltagen in seinem Lehrerberuf kam. Schlussendlich fiel sein Suchtverhalten in der Schule auf, und es kam zu einem ernsten Gespräch mit dem Schulleiter.

Xaver begab sich freiwillig zum Entzug in ärztliche Behandlung, Yvonne unterstütze ihn, auch wenn sie selbst weiterhin gerne und viel trank – aber sie achtete darauf, dass er abstinent blieb. Das Zusammenleben mit ihr blieb für ihn stressig wie von Anfang an, aber sie stand immer an seiner Seite. Als er endlich seine Sucht überwunden hatte, erlebten die beiden ihre beste Zeit. Sie bezogen ein kleines Haus auf dem Land, das sie gemeinsam einrichteten, und genossen unterhaltsame Urlaube. Genau in dieser Zeit lernte Xaver Zoe kennen.

Zoe war frisch geschieden, als sie und Xaver sich bei einem Sportturnier kennenlernten und auf den ersten Blick Hals über Kopf ineinander verliebten. Xaver überlegte nicht lange und zog zu Zoe. Ein paar Wochen später saß er bei mir, weil er nicht mehr weiterwusste. Yvonne hatte zwar anfangs nach seinem Auszug ihrem Naturell gemäß temperamentvoll getobt – signalisierte ihm aber später, dass sie sich einen Neuanfang mit ihm vorstellen könne. Und Zoe sagte, sie wäre bereit für ein gemeinsames Leben mit ihm.

Wertkonflikte lassen sich nicht rein psychisch lösen

Xaver befindet sich in einem schier unauflöslichen Konflikt. Er erzählt mir im Beratungsgespräch wiederholt von Schmetterlingen im Bauch, die es mit Yvonne in dieser Intensität bei ihm nie gegeben habe. An Yvonne binden ihn aber im Unterschied dazu lange gemeinsame Jahre und eine große Sympathie. Bei Zoe sind es eben diese Schmetterlinge im Bauch, bei ihr ist es dieses dauerhaft prickelnde Gefühl, das ihn erregt und beglückt.

Xaver findet es schwierig, den ganzen Tag über in einer Schulklasse zu unterrichten, während ihn wilde Gedanken und Gefühle umtreiben. Er sei hin- und hergerissen, wisse nicht, was er machen solle, wisse nur, er müsse sich entscheiden – und kann es doch nicht! Yvonne reicht ihm die Hand zur Versöhnung, Zoe will ein neues Leben mit ihm beginnen. Was um Himmels Willen soll er bloß tun?

In unserem ersten Gespräch schält sich ein kluger Entschluss heraus. Xaver wird vorerst zu einem Kollegen und Freund umziehen. Er braucht Abstand zu beiden Frauen, um wieder klar denken zu können. Wir nennen diesen vorübergehenden Unterschlupf das „Abklingbecken“. Ähnlich wie hochradioaktive Atombrennstäbe vor der Endlagerung zur Kühlung zwischengelagert werden müssen, so braucht Xavers turbulentes Gewühl in Herz und Kopf Zeit zum Abklingen, bevor er eine gültige Entscheidung treffen kann.

Ich betone, dass er für längere Zeit im Abklingbecken verweilen möge, weil sich heiße Gefühle nicht so schnell abkühlen. Dies bewahrheitet sich, als mir Xaver zwei Wochen später erklärt, Yvonne schöpfe jetzt wieder Hoffnung auf die Partnerschaft mit ihm, weil er aktuell bei einem Kollegen und nicht mehr bei Zoe wohnt. Und Zoe versichere ihm, sie werde auf ihn warten. Sollte sie allerdings in der Wartezeit jemand anderen kennenlernen, der ihr gefällt, füge sie hinzu, könnte es sein, dass es mit Xaver vorbei sei. Er schluckt.

Innerlich schlucke ich auch. Eine solch flotte Austauschbarkeit von Partnern, auch wenn sie nur antizipiert ist, klingt nicht nach einer tiefen Zuneigung zu Xaver. Überhaupt hat sich in vielen Untersuchungen von Beziehungskrisen erwiesen, dass oft kurz nach Scheidungen oder Trennungen eine Jagd nach Ersatzpartnerinnen oder Ersatzpartnern einsetzt, die kaum eine Aussicht auf ein Happy End hat. Der oder die Betreffende ist noch nicht genügend frei und offen für eine nachhaltige neue Bindung. Es belasten die dauernden Vergleiche mit dem Vergangenen das Neue. Meine Empfehlung ist deswegen, als erstes eine konsolidierende Phase des Alleinlebens einzuleiten und auch auszuhalten. Wer gut allein leben kann, kann gut in eine neue Partnerschaft gehen.

Doch zurück zu Xavers Konfliktlage. Um ihm zu helfen, sich einer gültigen Entscheidung anzunähern, lege ich im Beratungsgespräch das Menschenbild Frankls zugrunde. Ein Mensch *hat* einen Körper (somatische Dimension), er *hat* Gedanken und Gefühle (psychische Dimension), aber er *ist* eine geistige Person (noetische Dimension). Die von Xaver erwähnten Schmetterlinge flattern in der psychischen Dimension, wo seine Gefühle Purzelbäume schlagen und sein Denken überlagern. Diese Gefühle sind nicht unwichtig, aber es ist doch fraglich, ob man allein aufgrund passagerer starker Gefühle eine weitreichende Entscheidung treffen soll. Und was ist mit Xavers Verstand? Der ist von den anstehenden Problemen überlagert und ein wenig aus der Balance geraten, was Xaver sogar beim Unterrichten registriert. Auch der Verstand ist in der psychischen Dimension zu Hause. Beides nützt ihm momentan nicht viel.

Wie sieht es mit der Geistigkeit der Person aus? In ihr ist echte und anhaltende Liebe zu Hause. Nicht Verliebtheit, sondern Liebe. Wir sprechen über den Zustand der Verliebtheit. Xaver weiß aus eigener Erfahrung, dass dieser hoch aufflammende Zustand eines Tages verglüht. Dann erweist sich allemal, ob nach und aus der Verliebtheit eine tragfähige Liebe erwächst, oder ob zunehmende Gleichgültigkeit ein Paar wieder auseinanderdriften lässt. Keiner weiß das im Voraus, denn keiner kann in die Zukunft schauen.

Wertkonflikte müssen geistig gelöst werden

Gibt es also bei Xaver einen Boden, auf dem Liebe wachsen und gedeihen kann? Hierzu ist der Blick auf die dem Menschen eignende noetische Dimension von essentieller Bedeutung. In ihr verortete Frankl das ureigene Selbstsein der Person, die Werteempfänglichkeit, das ethische Gespür im persönlichen Gewissen, die Willens- und Entscheidungsmacht. Dort befindet sich der richtungsweisende innere Kompass, den zu konsultieren sich gerade dann lohnt, wenn Verstand und Gefühle in Turbulenzen rotieren. Aber welchen Maßstab legt unser Gewissen an? Flüstert es moralinsauer nach, was uns in der Kindheit eingetrichtert worden ist? Frankl würde sich vehement dagegen verwehren. Nein, es ist das uns eingeborene „Sinnorgan“, würde er sagen. Es erahnt und enthüllt uns, was in einer bestimmten Situation, in der wir uns gerade befinden, das Sinnvollste und Bestmögliche ist, das wir leben können, und zwar für alle Beteiligten. Hier also: Das Bestmöglich für Xaver, Yvonne und Zoe. Gibt es so etwas?

Da die Gefühle Xaver orientierungslos umherschaukeln, frage ich, was ihn über die Gefühle hinaus mit Zoe verbindet. Es ist zum einen der Sport, bei dem sich die beiden kennengelernt haben. Manchmal fahren sie gemeinsam Rad. Es ist zum anderen die Tatsache, dass sie gut miteinander kommunizieren können. „Es passt irgendwie“, sagt Xaver. Auch haben Zoes Kinder Xaver als Familienmitglied schon halb akzeptiert.

Yvonne kommt auf den ersten Blick schlechter weg. Sie hat sich in der frühen Kennenlernphase zu sehr an Xaver geklammert und versucht, ihn an sich zu fesseln. Er hat sie längere Zeit als anlehnungsbedürftiges Frauchen betrachtet, aber diese abschätzige Meinung musste er in den letzten Jahren revidieren. Sie hat ihm eine klare Linie gezeigt, hat ihn mit fester Hand vom Alkohol weg begleitet. Er weiß nicht, wie standhaft er ohne sie geblieben wäre. Xaver fällt auch ein, dass Yvonne relativ kulant reagiert hat, als er zu Zoe zog. Sie hat mit ihrem leidenschaftlichen Naturell zwar eine Weile geschimpft, aber dann eine erstaunliche Kurve genommen. Obwohl er sie betrogen hat, bietet sie ihm die Hand. Das hätte er nicht erwartet, da zeigt sie mehr Format, als er ihr zugetraut hat.

Xaver wird nachdenklich. Vor kurzem hat er Yvonne gegenüber hervorgehoben, dass Zoe so sensibel und aufmerksam sei, dass sie ihm stets ein Glas mit seinem Lieblingsmaracujasaft hinstellen würde. Yvonne kommentierte dies trocken damit, dass bei ihr dieser teure Maracujasaft immer in der Vorratskammer stehe. Sie schaue seit Jahren darauf, wann er im Angebot sei und kaufe ihn auf Vorrat.

Xaver schüttelt den Kopf über sich selbst. Das ist ihm noch nie aufgefallen. Was ist los mit ihm? Er erzählt weiter von Yvonne. Er und sie hatten das Haus gemeinsam möbliert und eingerichtet. Die schönen Zeiten tauchen auf, vor allem im letzten Jahr ging es ihnen beiden so gut – und genau da musste er Zoe begegnen!

Ich ermuntere ihn, die Suche nach dem Bestmöglichen für alle Beteiligten fortzusetzen.

Liebe macht nicht blind, sondern sehend

Beim nächsten Gespräch nehmen wir uns wieder Zeit, über die Aussagen Frankls zum Thema Liebe nachzudenken. Frankls Gedanken stehen ziemlich quer zum gegenwärtigen Mainstream. Bei Frankl heißt es zum Beispiel, Liebe ist mehr als ein psychischer Gefühlszustand. Sie ist mehr als pure Verliebtheit, die, wie der Volksmund weiß, mitunter blind macht. Echte Liebe ist ein geistiges Band, das so fest geknüpft ist, dass es sogar Krankheit, Alter und Tod eines geliebten Menschen überdauert. Und noch etwas ist überraschend an der echten Liebe: Sie macht nicht blind, sondern befähigt im Gegenteil dazu, den geliebten Menschen gleichsam doppelt zu sehen: Nämlich einerseits realistisch – inklusive seiner Schwächen und Mankos, aber gleichzeitig in seiner potentiell besten Gestalt, die in ihm noch mehr oder weniger noch nicht entfaltet schlummert. Die Liebe sieht quasi, was an Gutem im geliebten Menschen knospenhaft angelegt ist, und möchte, dass dies bei ihm zur Blüte gelangt. Weil sie jenes

Gute hellseherisch vorwegnimmt, fällt es ihr auch leichter, die Ecken und Kanten, die der Geliebte hat, zu tolerieren und gnädig zu übersehen. Kurzum, echte Liebe will, dass der andere sich seinen Talenten entsprechend entwickeln kann, und fördert ihn dabei, statt ihn zu behindern. Körperliche und psychische Zärtlichkeiten sind Zeichen und Ausdruck solch geistigen dem anderen Gut-Wollens.

Im Vergleich dazu will bloße Verliebtheit im Grunde eigene Lust und eigenes Vergnügen, das mit den Kontakten zum anderen einhergeht. Falls diese Kontakte irgendwann weniger Lust und weniger Vergnügen bereiten, erlöscht sie logischerweise. Deshalb hielt Frankl bloße Verliebtheit eher für eine Kontraindikation für eine Eheschließung. Ein flüchtiger Gefühlszustand ist zu wenig, um ein ganzes Leben miteinander zu teilen.

Auf Basis dieses Konzeptes lässt sich sagen, dass echte Liebe nicht zwangsläufig davon abhängig ist, ob und wie sehr man zurückgeliebt wird. Sie stellt keinen Besitzanspruch an einen Menschen und kennt insofern auch keine Eifersucht. Wird sie nicht erwidert, dann wird der geliebte Mensch für sein erstrebtes Wohl freigegeben. Man kann sich ebenso gut aus Liebe an jemanden binden, wie man sich aus Liebe von ihm verabschieden kann.

Auf diesem Hintergrund rollen wir Xavers Unschlüssigkeit neu auf und er zieht sehr nachdenklich von dannen.

Bei unserem nächsten Treffen sagt er, zwei Frauen zu lieben, das funktioniert nicht. Er ist letzthin wieder bei Zoe auf Besuch gewesen. Sie sind miteinander kuschelig auf dem Sofa gesessen und haben lange Zeit geschwiegen. Mit Zoe in seinem Arm hat er überlegt, wie die Zukunft für sie beide aussehen könnte – und hat keine Antworten gefunden. Sie hat ihren Job in der Firma, in der auch ihr Ex-Mann arbeitet, längst gekündigt, um der Begegnung mit diesem Mann aus dem Weg zu gehen. Sie redet immer davon, dass sie sich etwas Neues suchen werde, aber es geschieht nichts. Was wird mit ihr werden? Und mit ihm? Was ist, wenn die Schmetterlinge eines Tages verfliegen? Gäbe es dann überhaupt noch etwas Wesentliches zwischen ihnen? Den gemeinsamen Sport? Ihre Kinder, die ihn mögen? Sonst noch etwas? Er ist lange dagesessen und hat sich geprüft: Ist es Liebe? Ist es Verliebtheit? Schließlich hat er seine restlichen Sachen bei Zoe eingepackt, hat um Entschuldigung gebeten und gesagt, dass er sich von ihr trennt.

Xavers gegenwärtige Beziehung zu Yvonne steht auf wackeligen Beinen, war aber trotzdem nie völlig gekappt. Er weiß nicht, ob sich ihrer beider Miteinander reaktivieren lässt, doch bevor es nicht eindeutig mit Yvonne zu Ende ist, will er mit keiner anderen Frau zusammenleben. Sein Entschluss hat Zoe nicht gepasst und sie hat ihn auch nicht nachvollziehen können. So fuhr Xaver bedrückt und dennoch von der Richtigkeit seiner Entscheidung überzeugt von ihr weg, den Bauch immer noch voller Sehnsucht nach Schmetterlingen.

Ehrliche Bilanz

Bei unserem nachfolgenden Gespräch berichtet Xaver, dass sich Yvonne über seinen Entschluss gefreut hat. Er war noch eine Woche bei seinem Kollegen geblieben, danach kehrte er in das gemeinsame Haus zu Yvonne zurück. Es gab zu vieles, was ihn mit ihr verband, und das auch während seiner Liaison mit Zoe nicht zerbrochen ist: Die temperamentvollen Jahre mit den heftigen Auseinandersetzungen und den innigen Versöhnungen; das miteinander eingerichtete Haus; die herrlichen Urlaube, das Hobby des Wanderns an den Wochenenden, der gemeinsame Freundeskreis. Einige dieser Freunde behaupteten zwar, Xaver hätte wegen Yvonne mit dem Alkohol angefangen, aber das stimmte nicht, sagt er. Sie hatte den Alkohol immer im Griff, er hingegen nicht. Das wäre ihm auch für die Zukunft wichtig: Yvonne mit ihrer klaren Linie zu seiner früheren Trinkerei.

Yvonne ist vorsichtig. Sie begrüßt, dass Xaver zurück ist, aber es bricht kein reiner Jubel bei ihr aus. Ihre seelischen Verwundungen müssen erst abheilen. Xaver schläft auf der Couch in seinem Arbeitszimmer; mehr Intimität wäre zum gegebenen Zeitpunkt nicht okay. Abends sitzen die beiden auf der Terrasse des Hauses, schlürfen fantasievolle alkoholfreie Mixgetränke und plaudern. Sie nehmen sich neuerdings bewusst viel Zeit füreinander. Xaver hört zu, wenn Yvonne von ihrem Berufsalltag erzählt, und umgekehrt. Pläne sind auch, wie sie demnächst interessante und erholsame Sommerferien verbringen könnten. Bogenschießen wäre eine Option für sie beide, diesbezüglich gäbe es ein interessantes Kursangebot. Oder sie gehen an einem See zum Zelten.

Xaver hat viel über sich und seinen Lebensweg nachgedacht und ist sich inzwischen ziemlich sicher, dass auch seine erste Ehe hätte halten können, wenn er sich mehr angestrengt hätte. Die damalige Begegnung mit Yvonne war in der Rückschau ein ähnlicher Gefühlssturm, der ihn plötzlich überrollt und weggespült hat und seine in die Jahre gekommene Ehe mickrig aussehen ließ. Mit Zoe war es zwar nicht ganz dasselbe, aber ein bisschen davon hat sich schon wiederholt. Abermals hat sich Xaver von den sogenannten Schmetterlingen im Bauch das Leben durcheinanderwirbeln lassen. Künftig will er es besser machen. So berauschend Verliebtheit sich anfühlen mag, sie soll nicht mehr ausschließlich über sein Handeln bestimmen.

Was ist jetzt das Sinnvollste und Beste für alle Beteiligten, fragt er, und sieht mich dabei schmunzelnd an. „Meine Gefühle für Zoe stelle ich in den Gefrierschrank“, erklärt er mir. „Da bleiben sie frisch, sind aber sicherheitshalber hinuntergekühlt. Ich möchte Zoe auf keinen Fall kränken und werde ihr stets behilflich sein, wenn sie mich brauchen sollte. Yvonne neuerlich zu verlassen, habe ich nicht vor. Sie ist fair, temperamentvoll und eine liebevolle Partnerin, aber mein Herz für sie liegt momentan auch noch im Kühlschrank. Wir wollen neue Arten des Umgangs miteinander ausprobieren und haben vereinbart, dass wir einander Zeit lassen. Schließlich ist Yvonnes Vertrauen zu mir tief erschüttert. Vielleicht kann aus all dem Durchlittenen etwas Gutes wachsen. Wir werden uns behutsam einander annähern und sind zuversichtlich, dass wir manches entdecken werden, auf dem wir unser weiteres Leben aufbauen können.“

An Xavers einstiges Alkoholproblem erinnernd frage ich ihn zuletzt, ob er tatsächlich zu gravierenden Verzichten bereit sei. Wenn nötig auch auf den Verzicht auf berauschende Gefühle? Er bejaht. Das hat er während des Entzugs gelernt: Sinnvolle Verzichte sind der Gewinn für ein glückendes Leben.

3. Szene einer Ehe

Der 45jährige Andreas, ein selbständiger Elektriker, kommt völlig aufgelöst zu mir. Seine Frau Bettina hat ihn verlassen. Die drei Kinder, die 17jährigen Zwillingsbuben und ein 6jähriges Mädchen, hat sie bei ihm zurückgelassen. Sie ist von einem Tag auf den anderen in eine kleine Wohnung gezogen, die nur ein paar Dörfer entfernt liegt. Andreas stammelt völlig zusammenhanglos vor sich hin, er kann diesen Schicksalsschlag gar nicht fassen. Er brauche seine Frau doch, ist sein erster Satz, und dann beschreibt er das derzeitige Durcheinander in der Familie. Auf ihm lasten seit Bettinas Auszug Haushalt, Einkaufen, Kochen, Saubermachen, die Büroarbeit, die Kundenbetreuung in seinem kleinen Betrieb und die drei Kinder inklusive aller Schulsorgen. Die zwei Söhne sind einigermaßen selbständig und kümmern sich auch um ihre kleine Schwester, das läuft ganz gut. Aber wenn es ums Aufräumen und Putzen geht, sind plötzlich alle unabkömmlich beschäftigt. Das schafft er nicht allein, klagt er. Weil das Geld von der 30-Stunden-Stelle seiner Frau wegfällt, die Mieten und Kosten von Haus und Geschäft aber unverändert weiterlaufen, wird es auch finanziell bei ihm eng. Eine Haushaltshilfe ist momentan nicht bezahlbar.

Er versteht nicht, warum seine Frau ohne jede Vorwarnung ihre Sachen gepackt hat und abgehauen ist. Angesichts meiner skeptischen Miene gibt er verlegen zu, dass seine Ehe in den letzten zwei Jahren manchmal gewackelt hat. Seine Frau und er haben zweimal einen Termin mit einem Paartherapeuten vereinbart, aber Bettina hat jedes Mal schon vor dem ersten Gespräch abgebrochen: „Das hilft doch nichts“, sei ihr Argument gewesen.

Er liebe seine Frau, beteuert er. Er habe nie begriffen, warum sie oft so verletzend zu ihm war. An einen seltsamen Satz von ihr vor einem Jahr erinnert er sich wortwörtlich: „Wie sehr muss ich dir noch weh tun, bis du merkst, dass es vorbei ist?“ Für ihn war damals nichts vorbei, obwohl er wusste, dass Bettina häufig mit einem Mitarbeiter des Reisebüros in der nahen Stadt telefonierte. Ihm war auch bekannt, dass sich die beiden gelegentlich zum Kaffee trafen, aber er wollte dies nicht zum Streitpunkt machen. „Was ist schlimm daran, wenn sie sich gut verstehen?“ hat er gedacht. „Mit drei Kindern zu Hause, die man gemeinsam erzieht, darf man nicht zu kleinkariert sein.“

Mir scheint es im Erstgespräch vordringlich wichtig zu sein, mit Andreas eine erste Hilfe für den Alltag zu erarbeiten. Vielleicht könnte er eine Art Familienkonferenz einberufen. Es braucht nicht alles perfekt sauber blitzen, aber eine Grundordnung muss her. Wer in der vierköpfigen Familie kann dafür zuverlässig welche Aufgabe übernehmen?

Zum zweiten Thema mache ich die finanzielle Lage. Andreas nimmt jeden zu kriegenden Auftrag an und arbeitet viele Stunden die Woche, aber trotzdem reicht sein Verdienst gerade aus, um den Haushalt und die Miete für das Geschäft zu stemmen. Die Klassenfahrten, Fahrräder oder Führerscheine der Kinder sind da nicht ohne weiteres drin. Gib es eine Option, Unterhaltszahlungen von seiner Frau zu erhalten? Theoretisch wäre sie dazu verpflichtet, aber leider verdient auch sie nur wenig. Gibt es Möglichkeiten für die Jungs, mit Ferien- und Gelegenheitsjobs oder Nachhilfe das Budget zu erweitern? Es wäre gleichsam eine Lektion in Lebenstüchtigkeit für sie, ein Einüben, wie man schwierige Situationen meistert.

Vom schicksalhaften Bereich zum persönlichen Freiraum

Manches an diesem Notfallplan klappt fürs Erste einigermaßen, berichtet Andreas in unserer nächsten Beratungsstunde. Kleine Reibereien darüber, dass eines der Kinder mit seinem blauen Pullover die ganze Wäsche in der Waschmaschine verfärbt hat, trägt er mit Humor.

Aber diesmal ist Andreas sehr zornig auf seine Frau: Warum zum Teufel ist sie einfach von einem Tag auf den anderen verschwunden? Warum fordert sie, statt ihn zu unterstützen, auch noch 100,- € vom Kindergeld, weil das Mädchen zweimal im Monat am Wochenende bei ihr übernachten darf? Einer seiner Kunden hat ihm neulich verraten, dass sich Bettina häufig in einer Jazzkneipe aufhält. Das ärgert Andreas maßlos, denn er selbst fällt täglich viel zu spät und total erschöpft vom auslaugenden Alltag ins Bett – um wegen Albträumen wieder aufzuschrecken. Einer seiner Söhne lag wegen Verdacht auf Blinddarmdurchbruch zwei Tage lang zur Beobachtung im Krankenhaus, und seine Mutter hat ihn nicht einmal angerufen.

Andreas' Zorn ist verständlich, aber unfruchtbar. Er kann ihn sich von der Seele reden, doch wird sich seine Frau deswegen kein bisschen ändern. Daher wird Schwerpunkt unserer Überlegungen, dass das, was andere Menschen tun oder uns antun, für uns im „schicksalhaften Bereich“ liegt. Weil wir darüber keine Macht haben, lohnt es sich nur sehr begrenzt, sich darüber zu empören. Wir quälen uns damit hauptsächlich selbst. Wichtiger ist es stattdessen, danach zu forschen, was in unserem Freiraum liegt, also, was *wir* tun können, wie es mit *unserer Auswahl an Aktionsvarianten* bestellt ist.

Ich lade Andreas zu einer solchen Suche ein und sammle mit ihm zu diesem Zweck erst einmal die Fakten seiner momentanen Lage. Seine Kinder sind gesund und munter bei ihm – ein menschlicher Reichtum! Manchmal ruppig, aber meist mit Humor schultern sie gemeinsam die Haushaltspflichten, was die vier zusammenschweißt. Er hat Arbeit, ein Dach über dem Kopf, er kann seinen Kindern eine gute Schulbildung ermöglichen – viele Väter in fernen Ländern wären schon über weniger froh. Freilich, er weint wegen seiner ruinierten Ehe, aber auch das ist die Kehrseite eines menschlichen Reichtums, der ihm knapp 20 Jahre lang gewährt war. Wäre ihm denn wirklich wohler, wenn er über Bettinas Verlust selig wäre? Dann müssten die vorhergehenden Jahre mit ihr schrecklich gewesen sein.

Das Verhalten seiner Frau versteht er nicht. Ihre Schuld? Oder seine Unfähigkeit? Und jetzt noch Zorn auf seiner Seite! Der legt eine Extraportion Last zum Unverständnis dazu. Zorn, Hass, Groll sind das Letzte, was er in seinem anstrengenden Alltag brauchen kann, und in seinen nächtlichen Albträumen schon gar nicht. Überdies stellt sich häufig das, was man spontan als gut oder schlecht beurteilt, aus einem größeren Abstand von Jahren und aus dazugewonnener Reife ganz anders dar. Es wäre daher für Andreas entlastend, sich nicht weiterhin um eine Beurteilung seiner Frau zu bemühen, sondern angesichts der Fakten zu überlegen, wie *er selbst* jetzt verantwortlich handeln kann.

Was alles im persönlichen Freiraum liegt

Andreas lässt sich auf meine Ausführungen ein. Er entspannt sich sogar ein wenig. Nun, wenn er in diese Richtung überlegt, dann wäre momentan wichtig, die Verbindung der Kinder zur Mutter nicht abreißen zu lassen, meint er. Allerdings müsste er sich dafür mehr bremsen, wenn er gehässige Bemerkungen über Bettina macht. Einer seiner Söhne hat ihn kürzlich angefahren: „Rede nicht so schlecht über meine Mama!“ Das ist Andreas nahegegangen. Auch wenn Bettina sich falsch benommen hat – sie bleibt die Mutter seiner Kinder.

Ich bestärke ihn darin. Seinen Frust nicht an die Kinder weiterzugeben, ist eine hervorragende Idee, und sie liegt in seinem Freiraum. Allerhand sonst liegt noch darin. Er kann den Söhnen erklären, dass es die Mama vielleicht auch nicht leicht hat. Dass sie zum Beispiel das Anrufen in der Klinik nur vergessen hat, dass sie vielleicht insgeheim oft an ihre Kinder denkt. Im Freiraum liegen auch ein bisschen Großzügigkeit und Toleranz. Die von ihr verlangten 100,- € könnte Andreas zwar selbst gut verwenden, aber er muss nicht darum streiten. Ein Rosenkrieg ist meistens das Allerteuerste.

Andreas beginnt, sich Stück für Stück von seinem Zorn zu distanzieren und lieber seine Konzentration darauf auszurichten, ob er trotz der Fülle von Arbeit gelegentlich ein Zeitfenster für gemeinsame Spiele oder Ausflüge mit den Kindern findet. Die kleine Familie benötigt Erholungsmomente zum Durchschnaufen und Auftanken. Er bestätigt, dass ihn solche Pausen stärken, und dass er inzwischen besser schlafen kann.

Es vergehen mehrere Gesprächstermine, bei denen stets dasselbe im Zentrum steht: Bettina loslassen und ihr nichts Unfreundliches hinterherwünschen, den Riesenhaushalt bewältigen und die Gemüter der Kinder schonen. Andreas hat aufgehört, mit ihnen abfällig über ihre Mutter zu reden, und sie danken es ihm mit mehr bereitwilliger Kooperation.

Manchmal hört Andreas, dass Bettinas Freundinnen schon lange in die Eheprobleme des Paares eingeweiht gewesen waren, nur *er* hat nicht Bescheid gewusst. Dass Bettina nicht offen und deutlich mit ihm darüber gesprochen hat, ist schade. Etwas an ihm muss sie gehindert haben, oder es war ihre eigene Scheu, das lässt sich nicht mehr rekonstruieren. Es hätte auch keinen Sinn, darüber mit Andreas nachzugrübeln. Momentan kann er nichts gebrauchen, was ihn von der gewaltigen Aufgabe der Alleinerziehung bei zeitintensiver Berufstätigkeit ablenkt – das muss er souverän erledigen.

Dabei ist er stolz auf seine Kinder. Er erzählt, dass einige seiner Schulfreunde auch dramatische Ehebrüche erlebt haben, und dass stets deren Kinder bei der Mutter geblieben sind – nur seine sind bei ihm. Darüber ist er sehr froh. Ein bitterer Tropfen bleibt: Seine Kinder besuchen Bettina regelmäßig, und bei ihr gibt es Eiscreme oder lustige Nachmittage im Schwimmbad, also immer etwas Fröhliches und kein Geschirrspülen und Staubsaugen wie bei ihm. Manchmal kommt auch der Mann aus dem Reisebüro zu Besuch, aber dann gehen die Kinder lieber wieder. Mit ihm kommen sie nicht klar.

Nun ja, dass sich die Kinder über Eis oder Schwimmbad freuen, kann man ihnen nicht verübeln. Wenn Andreas sie liebt, dann gönnt er ihnen jeden Spaß im Bewusstsein, dass *er* es ist, der ihnen nahesteht wie sonst niemand. Andreas streift auch die Reste seiner Bitterkeit ab.

Retrospektive Erkenntnis mit bösen Folgen

Ich dachte, Andreas sei mit seinen seelischen Nöten über den Berg, aber nach einigen Wochen bittet er dringend um einen Notfalltermin. Er ist außer sich. Seit Tagen sitzt er daheim wie erstarrt, bewerkstelligt kaum die unumgänglichen beruflichen Arbeiten und lässt alles andere schleifen. Was ist geschehen?

Als er vor Tagen nach der Garantie für einen kaputtgegangenen Staubsauger gesucht hat, fand er in einer Schublade einen Packen Briefe von Clemens, dem Mann aus dem Reisebüro. Als Andreas sie las, brach für ihn eine Welt zusammen. Er rechnete nach: Vor etwa zwei Jahren hatte sich seine Frau von ihm abgewandt, seit damals ließ sie auch keinen körperlichen Kontakt mehr zu. Und genau vor zwei Jahren begannen die Briefe von Clemens an seine Frau. Jetzt verstand er auf einmal, warum Bettina damals keine Eheberatungen mehr wollte. Sie hatte die Ehe mit ihm längst abgeschrieben!

In den Briefen von Clemens wird eine ganz unglaubliche Liebe zur schönsten Frau auf Erden beschworen, mit den intensivsten Gefühlen und buntesten Zukunftsvisionen. Ferner wird Bettina angefleht, dass diese Liebesbeziehung verborgen und verheimlicht bleiben müsse, weil Clemens sich von seiner eigenen Frau und seinen vier Kindern nicht trennen könne.

Andreas war wie vom Blitz getroffen und holte zum Rundumschlag aus. Er zeigte die Briefe seiner Mutter und einem Freund und überlegte sogar, sie zu kopieren und im Bekanntenkreis zu verteilen. Er fuhr zur Ehefrau von Clemens und ließ sie die Briefe lesen. Wider Erwarten war sie wenig schockiert und teilte Andreas mit, dass ihre Ehe längst nur noch eine Fassade wäre. Eine Fassade, die nur noch so lange aufrechterhalten werde, bis die Kinder aus dem Gröbsten heraus seien. Sie entschuldigte sich bei Andreas für das Verhalten ihres Mannes.

Ich seufze. Clemens' Frau hat – extrem herausgefordert – Niveau bewiesen, was man von Andreas nicht sagen kann. Um ihn dort abzuholen, wo er gerade verzweifelt strampelt, spreche ich mit ihm darüber, dass eine verbotene heimliche Liebesbeziehung am süßesten schmeckt, und neben ihr eine fast 20jährige Ehe schal wirken kann. Aber jede Verliebtheit lässt irgendwann nach, und dann zeigt sich, ob sie in eine tiefgreifende Liebe einmündet. Ob die Verliebtheit von Clemens und Bettina stark genug für einen ernsthaften Start in ein gemeinsames Leben sein wird, ist völlig ungewiss. Aktuell sieht es eher nicht danach aus.

Doch zu Andreas' Reaktion auf den Fund der Briefe: Er hat wieder und wieder beteuert, nicht verstehen zu können, warum Bettina ihn verlassen hat. Sein diesbezügliches Unverständnis hat er immer wieder als bohrenden Schmerz beschrieben. Jetzt hat der Zufall ihm das Verstehen des Gewesenen nachgeliefert, und neuerlich windet er sich im Schmerz. Alternativ könnte er das nachträgliche Verstehen des Gewesenen auch als eine Chance begreifen. Viele vom Leid gezeichnete Menschen würden ihm bestätigen, dass Ungewissheit und Unverständnis zermürbender sind als die Konfrontation mit einer harten Wirklichkeit, mit der man zurechtkommen muss. Was man versteht, kann man leichter verkraften.

Und überhaupt: Was ist Tragisches geschehen? Seine Lebenssituation ist unverändert geblieben. Es ist eigentlich bloß die vage Hoffnung abgeräumt, dass Bettina eines Tages zu ihm zurückkommen könnte. War da doch noch Hoffnung am Glimmen gewesen? Erst wenn er sich damit abfindet, dass Bettina an Clemens verloren ist, kann er nüchtern nach vorne schauen. Die schmerzhaften Briefe zu finden, kann ihm dabei helfen.

Weggabelung in drei Richtungen

Allmählich wacht Andreas aus seiner Schockstarre auf. Nein, Hoffnung auf Bettinas Rückkehr hat er sich nicht mehr ernsthaft gemacht. Es war eher die Erniedrigung, die Beschämung, hintergangen worden zu sein, die ihn erschüttert haben. Nun, schämen muss man sich nur für seine eigenen Schandtaten und nicht für fremde. Deswegen möge sich Andreas in der Gegenwart zu einer Haltung aufschwingen, für die er sich in der Zukunft nicht zu schämen braucht.

Ich erläutere ihm, dass er an einer Weggabelung steht, die ihm drei Richtungen anbietet:

Weg Nummer 1 führt in Bitternis und Isolation. Andreas kann in verhaltener Wut steckenbleiben, den Hass auf Bettina und Clemens kultivieren und ihn über die Jahre frisch und lebendig erhalten. Das wird seine Agilität lähmen, er wird ein düster blickender, säuerlicher Mann werden, den man am besten meidet, weil er immer vom Gleichen faselt, von seinen seelischen Wunden und seinem Entsetzen darüber.

Andreas nickt nachdenklich. Das kennt er. Er hatte kürzlich einen Kunden, der ihm mit größter Bitterkeit erzählt hat, was dessen Frau ihm alles angetan habe. Der Kunde schimpfte, jammerte und klagte in einem fort. Andreas hatte ihn gefragt, warum er sich nicht scheiden lasse und erfahren, dass dieser Kunde schon seit über zehn Jahren geschieden war. „Aber erzählt hat der Mann alles, als wäre es gestern passiert!“ Es entsteht eine Pause. „Also – so will ich nicht enden,“ gesteht Andreas. Gut, dann wäre der Blick zurück im Zorn als Dauerzustand abgehakt.

Weg Nummer 2 nenne ich im Unterschied dazu den Blick zurück in Trauer auf Dauer. Andreas' Trauer ist legitim. Seine Ehe ist missglückt, und dies auf unangenehme, peinliche Weise. Die Trauer zeugt davon, dass er seiner Frau innerlich verbunden gewesen ist, dass er sie geliebt hat, so wie er eben zu lieben vermocht hat. Trauer ist sanfter und weniger zerstörerisch als Wut und Zorn, dennoch darf sie nicht zu gewaltig anschwellen, sonst deckt sie das gewesene Gute und Schöne und damit einen Teil der Wahrheit zu. Sie lässt dann fälschlich alles in negativem Licht erscheinen – „alles“, das ist nicht wahr, das Negative war nur *ein Teil* der Wahrheit. Der Effekt ist lähmend.

Auch da stimmt Andreas zu. Ja, das fühlt er genau. Beides hindert ihn daran, sich zu sinnvollen Aktivitäten und Initiativen aufzuraffen: die Dauer-Entrüstung genauso wie die Dauer-Deprimiertheit. Beide Wege passen nicht. Aber welcher alternative dritte Weg wäre gangbar?

Weg Nummer 3 ist ein Umschwenken mit zwei positiven Enden. Am Anfang steht der Blick zurück in Dankbarkeit. Dankbarkeit – wieso? Das muss Andreas selbst herausfinden. Für 18 friedliche Ehejahre, denen drei Kinder entsprungen sind? Wunderbar! Dann kommt das Umschwenken nach vorne. Was kann sich noch Hervorragendes aus seinem Leben entwickeln? Wie können seine Kinder zu standfesten, tüchtigen Personen reifen? Der Blick voraus in Hoffnung darf durchaus zu einer andauernden Haltung werden. Andreas strafft sich. Das hört sich gut an. So soll es sein. Aber wie soll ihm das gelingen?

Der Weg ist das Ziel

Darüber verhandeln wir bei unserem nächsten Gespräch. Andreas ist entschlossen, den dritten Weg zu wagen. Dankbar zurückzuschauen heißt, bei der Wahrheit zu bleiben, ja, sie voll auszuschöpfen. Er hat sich nicht ohne Grund in Bettina verliebt. Sie hat ihre anerkennenswerten Seiten. Wie oft hat er sich nach der Tagesarbeit auf seine Heimkehr in ein gepflegtes Zuhause gefreut. Das Entstehen und Heranwachsen der Kinder zu beobachten war eine berührende Zeit. 18 ziemlich glückliche Ehejahre – das ist mehr, als vielen anderen Menschen gewährt ist.

Beim Blick voraus tritt manche Frage wie aus einem Nebel in den Vordergrund. Wie soll er mit den Briefen verfahren? Sollen die Kinder sie lesen? Dürfen die Leute im Ort ihre Inhalte kennen? Will er Clemens moralisch lächerlich machen? Will er seine Frau damit an den Pranger stellen und ihren Ruf beschädigen? Genauer, den Ruf der Mutter seiner Kinder beschädigen? Will er das?

Es kommt zu einem langen Abwägen mit dem Ergebnis, dass Andreas die Briefe in einem Versteck sicher aufbewahren wird. Ich hätte ihm aufrichtig gewünscht, dass er die innere Größe aufbringt, sie zu vernichten oder Bettina kommentarlos zurückzusenden, aber dazu kann er sich nicht durchringen. Noch nicht. Vielleicht eines fernen Tages. Immerhin will er die Kinder vor dieser explosiven Bombe bewahren. Sie wissen inzwischen, dass die Mama den Papa betrogen hat. Den Kindern gegenüber schlägt Andreas einen versöhnlichen Ton an: Ja, die Mama hat einen Fehler gemacht. Aber neben dem Fehler gibt es auch Liebenswertes über die Mama zu sagen. Und Gutes ist wichtiger als die Fehler, das Gute soll zählen … eine Lebensweisheit!

Das alles ist schwer genug. Es erfordert den Verzicht auf Rache, den Verzicht auf das Rechthaben und den Verzicht darauf, sich selbst als unschuldiges Opfer und die anderen als grimmige Täter hinzustellen. Es verlangt den Verzicht auf eine momentane Genugtuung. Doch, wie es mit dem sinnvollen Verzicht so ist: Der Gewinn ist enorm, zu ihm gehören vor allem eine weitreichende Schadensbegrenzung für die Familie und Friede im eigenen Herzen.

Die anfänglich zögernden Schritte von Andreas auf dem dritten Weg nehmen Fahrt auf. Bald kann er seine Frau an ihr eigenes Leben freigeben. Sie ist kein Monster. Er hat sie viele Jahre geliebt, und das Liebenswerte an ihr ist nicht ausgelöscht. Und schließlich – auch er selbst war keinesfalls ständig ein liebenswerter Ehemann! Dieser Gedanke tröstet ihn.

Am nächsten Sonntag hat er Geburtstag, und wegen der Aufregung um den Fund der Briefe sind alle Feiern abgesagt. Verwandte und Freunde sind längst ausgeladen. Nach unserem Gespräch denkt er, er könnte an diesem Sonntag mit den Kindern in den Klettergarten fahren. Das wollten sie schon immer einmal ausprobieren. Sie könnten sich zu viert in den Seilen die steilen Hänge entlang hangeln. Sich tapfer durchkämpfen, im Klettergarten wie im Leben. Darin bestärke ich ihn.

Ein neuer Anfang?

Monate später kommt Andreas ein letztes Mal bei mir vorbei. Bettina hat inzwischen die Scheidung eingereicht. Auch Clemens hat seine Familie verlassen, ist aber in eine eigene Wohnung und nicht zu Bettina gezogen. Andreas meint, dass es ihm egal sei, was die beiden machen. Ganz egal ist es ihm wohl nicht, aber er hat die richtige Intention, und einmal wird es ihm wirklich egal sein. Grüßen wird er Clemens nicht, wenn er ihm zufällig auf der Straße begegnen sollte, murmelt Andreas – na ja, das muss er nicht. Aber das Nachtragen drückt auf die Schultern des Nachtragenden. Er weiß das.

Doch heute will Andreas über etwas anderes mit mir sprechen. Er hat in einer Kindertagesstätte moderne elektrische Leitungen verlegt. Dabei hat er eine der Pädagoginnen näher kennengelernt. Sie ist alleinerziehend mit einer 16jährigen Tochter. Sie haben sich inzwischen öfter getroffen, ein bisschen geflirtet und viele gemeinsame Interessen entdeckt. Weil beide in Bezug auf die Ehe gebrannte Kinder sind, wollen sie sich vorsichtig prüfen, damit eine eventuelle Partnerschaft diesmal nicht schiefgeht. Andreas ist unsicher: Soll er seinen Kindern davon berichten oder noch abwarten? Er seinerseits meint es ernst, und bei der Pädagogin erkennt er ein ähnlich stabiles Gefühl.

Ich beglückwünsche ihn dazu, dass er sich nach all dem Erlittenen für einen neuen liebevollen Kontakt mit einer Frau zu öffnen vermag. Es wird die Kinder sehr interessieren, dass der Papa jemanden liebgewonnen hat. Er kann ruhig von Anfang an aufrichtig sein, ohne jedoch Ängste zu schüren oder falsche Erwartungen zu wecken. Schlichte Aufrichtigkeit ist nie verkehrt.

Andreas strahlt: „Dann lade ich meine Freundin und ihre Tochter am kommenden Wochenende zum Eintopfessen ein. Darin sind meine zwei Söhne inzwischen zu Spezialisten geworden.“

Lachend verabschieden wir uns. Na dann: Guten Appetit!

Der Feind in mir – Lockruf des Sterbens

Präambel

Wenn ein Mensch stirbt, stellt sich normalerweise in seinem Familien- und Freundschaftskreis ein Gefühl der Trauer ein. Auch wenn die Beziehungen zu dem Verstorbenen nicht optimal gewesen sind, oder wenn der Verstorbene von einem langen Leiden erlöst worden ist, herrscht gewöhnlich Betroffenheit vor. Die Konfrontation mit dem Tod in unmittelbarer Nähe bewegt selbst robuste Gemüter. Sie fegt so manchen Nimbus vom Tisch und minimiert die Bedeutung von Vielem, worüber man sich sonst aufregt.

Noch unvergleichlich erschütternder für das nähere Umfeld ist es, wenn der Verstorbene selbst Hand an sich gelegt hat. Dann gesellt sich zur normalen Trauer ein gefährliches Gemisch aus Schock, Unverständnis, Zorn, Schuldgefühl, Reue, Hilflosigkeit und Scham. Wobei das Unverständnis derart dominieren kann, dass wüste Spekulationen den Verstand der Hinterbliebenen umnebeln und ein völlig irrationales Echo auf ihren leidigen Warum-Aufschrei produzieren.

Sehen wir uns diesen pathogenen Effekt einer Suizid-Handlung genauer an. Es muss eingestanden werden, dass dem Tod einer uns bekannten Person *an und für sich* etwas Unbegreifliches anhaftet. Es will uns einfach nicht in den Kopf, dass jemand, mit dem man soeben gesprochen, gelacht, geschimpft, diskutiert, Pläne geschmiedet oder Erinnerungen ausgetauscht hat, plötzlich mit einem Schlag einfach nicht mehr da ist, verschwunden ist auf Nimmerwiederkehr und keineswegs mit dem zurückgelassenen Leichnam identifizierbar ist. Es wundert nicht, dass sämtliche Mythen, Religionen und Philosophien in tausenderlei Facetten um einen Ort ringen, wohin die verstorbene Person gelangt sein könnte. Ein Jenseits von Raum und Zeit ist eine denkerische Konstruktion, aber wir können es uns nicht vorstellen.

Es reicht also schon die Unbegreiflichkeit, die jeden Todesfall wie eine anrüchige Aura umgibt. Bei einem Suizid setzt sich eine weitere Unbegreiflichkeit darauf. Dieser Tod hätte schließlich nicht stattfinden müssen. Er wäre vielleicht vermeidbar gewesen. Nicht die Keule des Schicksals, sondern der eigene Wille des Verstorbenen hat ihn herbeigeführt. Wie konnte es bloß dazu kommen? Jetzt laufen die Spekulationen um die Wette, aber keine gelangt an ein vernünftiges Ziel, denn jede strauchelt an irgendeinem Einwand. Wenn man dem Menschen einen freien Willen zugesteht, gibt es partout keine vollgültige Erklärung für seine Handlungen, sonst wäre seine Willensfreiheit ja hinwegerklärt. Aber ohne ein befriedigendes „Darum ist es geschehen“ kommt der Schrei nach dem Warum nicht zur Ruhe. Er hallt noch nach, wenn die Trauer sich längst schon gelichtet hat.

Damit ist es des Unbegreiflichen keineswegs genug. Die quälende Frage aller, die dem Verstorbenen nahestanden, windet sich um ihren eigenen Beteiligungsanteil am Geschehenen. Haben sie dem Suizid etwa Vorschub geleistet? Haben sie warnende Anzeichen übersehen? Hätten sie verhindernd eingreifen können? Haben sie den tragischen Entschluss gar durch unüberlegte Worte begünstigt? Haben sie – um Himmels Willen nein! – den Verstorbenen in den Tod getrieben? Da ihnen auch auf diese drängenden Fragen kein gnädiges Geschick antwortet, bleiben die Angehörigen lebenslang in der Ungewissheit einer mehr oder weniger begründeten Mitschuld stecken.

Rein fachlich kann man eine solche verneinen. Freilich ist man schuld an allem Bösen, das von einem jemals ausgegangen ist. Aber ob sich ein Empfänger des Bösen deswegen umbringt oder nicht, entscheidet dieser allein. Frankl ist dafür eingestanden, dass es sogar in den Konzentrationslagern des 2. Weltkrieges – wo sich menschlich Böses geradezu auf wenigen Quadratmetern konzentrierte – so war: Es stand den Häftlingen offen, ob sie sich in den elektrisch geladenen Zaundraht warfen oder nicht. Die Entscheidung blieb allemal ihre.

Das Stichwort „Entscheidung" dreht den fachlichen Disput um eine eventuelle Schuld am Suizid jedoch in eine ganz andere Richtung. War der Verstorbene überhaupt *entscheidungsfähig*? Nicht wenige Selbsttötungen geschehen im Zustand geistiger Umnachtung, sie stehen im Zusammenhang mit einer Psychose, mit einer endogenen Depression. Oder sie finden statt bei Unterdrückung und Überlagerung der geistigen Dimension durch spontan extrem heftig aufwallende psychische Affekte. Nicht einmal Ärzte können solche Gefährdungszustände exakt einschätzen, geschweige denn können Laien wie Familienmitglieder sich darüber ein Urteil bilden.

Um es kurz zu machen: Suizide kann man nicht erhellen, man kann sie nur wehmütig und demütig akzeptieren. Aber eines lässt sich füglich sagen: Der freiwillige Verzicht auf einen Suizid, der jemandem verlockend vorschweben mag, ist *einer der gewaltigsten Liebesdienste für sämtliche Menschen, mit denen einer in Kontakt steht* … und natürlich auch für ihn selbst.

Zwei Fallgeschichten

Wenn man jahrelang mit psychisch kranken Menschen arbeitet, wenn täglich Menschen zu einem kommen, die von schweren Schicksalsschlägen gezeichnet sind, dann ist man durch die ständige Berührung mit Leid in dessen vielerlei Variationen bis zu einem gewissen Grad abgehärtet – auch wenn man sich an Leidereignisse nie wirklich gewöhnen kann. Es gibt aber seltsame Zusammentreffen, die einen dann doch sehr ergreifen. Das war der Fall, als einmal am selben Tag zwei junge Frauen, mit 21 und 22 Lebensjahren fast gleich alt, bei mir um einen Gesprächstermin baten.

Bei beiden war das Thema Suizid der Anlass für ihre Bitte um therapeutischen Beistand. Der Vater von Emilia hatte sich vor Kurzem umgebracht. Der Schock saß bei ihr tief. Der Wunsch von Denise dagegen war: Sie möchte sterben, möchte einfach nicht mehr da sein. Sie hatte schon seit Monaten alles darangesetzt, sich umzubringen, aber es war ihr „leider nie gelungen", wie sie es ausdrückte. Zweimal das Thema „Suizid" an einem Tag – und dennoch konnte es unterschiedlicher nicht sein.

Denise

Denise hatte nach dem Abitur zwei Semester Biologie studiert, ein Fach, das ihr aber nicht zusagte. Sie versuchte es danach mit einem dualen Wirtschaftsstudium. Doch die Arbeit in einer Firma parallel zum Studium belastete sie zu stark. Auch das war nicht ihr Weg, erklärte sie. Sie wusste überhaupt nicht, was ihr Weg wäre, sie wollte überhaupt keinen Weg, sie wollte einfach nicht mehr existieren. Sie wachte morgens auf und hatte kein Interesse an dem Tag, an sich, an irgendetwas. Sie wollte nicht leben, das war das einzige, was ihr wirklich ein Anliegen war.

Manchmal ging sie ins Hallenschwimmbad zu den späten Öffnungszeiten. Während der Woche gab es da nur wenige Schwimmer. Wenn es relativ ruhig war und nur wenige Badegäste ihre Bahnen zogen, dann legte sie sich rücklings auf das Wasser, schloss die Augen, ließ sich treiben und stellte sich vor, dass der Tod genauso sein könnte: reizarm schweben im großen Nichts.

Wegen ihrer Todessehnsucht hatte Denise schon mehrere Suizidversuche hinter sich. Einer davon misslang ihr derart schmerzhaft, dass sie selbst die Rettung alarmiert und danach ein paar Wochen in der Psychiatrie verbracht hatte. Die Fachärzte dort waren nicht schlau aus ihr geworden. Es wurde keine Depression diagnostiziert, keine sonstige psychische Erkrankung, sondern „nur" eine Persönlichkeitsstörung.

Viktor Frankl als Therapeut

Zu mir kam Denise, weil sie den Bestseller-Band „... trotzdem Ja zum Leben sagen“ von Frankl gelesen hatte. Er hatte sie beeindruckt, deswegen wollte sie noch einen Versuch mit der Logotherapie machen. Denise ist hochintelligent, sie interessierte sich für das Gedankengut Frankls, fragte nach und diskutierte mit mir darüber.

Sie hatte gelesen, dass Frankl mit Patienten gearbeitet hatte, die nach Suizidversuchen bei ihm in der Klinik gelandet waren. Um nach ihrer Behandlung relativ sicher sein zu können, dass bei ihnen keine Suizidabsichten mehr vorlagen, hatte Frankl diese Patienten im Zuge des Entlassungsgesprächs direkt gefragt: „Wollen Sie sich immer noch umbringen?“[11] Er rechnete mit einer spontanen Verneinung, die er auch meistens zu hören bekam, denn die Patienten wollten gerne nach Hause. Dann aber schob Frankl rasch die Frage nach: „Warum nicht?“ Wenn ein Patient verlegen auf dem Stuhl herumrutschte und erst lange über eine Antwort nachdenken musste, schätzte Frankl ihn als immer noch erheblich suizidgefährdet ein und entließ ihn nicht. Denn wenn ein Patient nicht wusste und nicht sagen konnte, was ihn von einem erneuten Suizidversuch abhalten würde, bestand weiterhin das Risiko, dass er sein Leben beenden könnte.

Für nicht suizidgefährdet hingegen schätzte Frankl Personen ein, die sofort und ohne viel nachzudenken Gründe kannten und nannten, *für die* sie weiterleben wollten. Solche Gründe waren oft die eigene Familie, um die sie sich kümmern wollten, oder eine Aufgabe, die sie für wichtig erachteten. Frankl: „So einen Patienten hätte ich getrost entlassen; er wusste um ein ‚Warum *nicht*‘ Selbstmord begehen, er wusste um ein ‚Warum‘ weiterleben. Wie sagte Nietzsche einmal: ‚Wer ein Warum zu leben hat, erträgt fast jedes Wie.‘“[12]

---

[11] Viktor E. Frankl, Wer ein Warum zu leben hat, Weinheim, Basel, [1]2017, S. 212.

[12] a.a.O.

Davon hatte Denise gelesen. Sie vertraute mir an, dass sie selbst auf Frankls „Warum nicht?“ keine Antwort wüsste. Es gäbe bei ihr keinen Anlass zum Weiterleben. Der einzige hauchdünne Grund, der gegen den ersehnten Suizid spräche, wäre der Kummer, den sie ihrer Familie damit zufügen würde. Besonders ihre Mutter und ihr jüngerer Bruder würden sehr schwer daran tragen. Ihr Bruder hatte erst kürzlich zu ihr gesagt: Bei dem Lied einer bestimmten Musikgruppe müsse er immer an sie denken. Auch wenn sie „weg“ wäre, müsste er an sie denken und dann immer weinen. Das sei ihr sehr zu Herzen gegangen und bis heute der größte Hemmschuh auf dem Weg zum Suizid.

Denise war offensichtlich weder endogen noch reaktiv depressiv. Wenn, dann wäre sie eher als noogen depressiv einzustufen, also als geistig frustriert und an der Sinnfrage gescheitert. Sie war kognitiv klar und wach und stellte die Frage nach Leben und Sterben mit messerscharfen philosophischen Überlegungen, die bei ihr stets mit einer Rechtfertigung gegen das Leben endeten. Wenn sie nicht da wäre, würde sie keine der knappen Ressourcen verbrauchen, sie würde keine Freunde finden, die über ihren Suizid später entsetzt wären etc. Besser wäre es somit, sich abzusondern, unauffällig zu werden, damit ihr Tod möglichst wenige Menschen beträfe. Sie sähe nicht ein, dass sie auf dieser Welt für irgendetwas nützlich sein sollte. Im Gegenteil, sie war überzeugt, der Welt ginge es besser, wenn es sie nicht mehr gäbe. Am besten wäre es, jetzt gleich „weg“ zu sein und nicht erst noch überflüssigerweise Jahre zu leben.

Wir führen logophilosophische Gespräche. Ich erwidere, dass Frankl ihr glatt widersprochen hätte. Frankls Credo war, dass jeder Mensch auf dieser Welt eine Aufgabe hat, die nur er allein erfüllen kann. Diese Aufgabe wartet auf ihn, für die ist er in Exklusivität bedeutsam. Das sei nicht einmal in den Kriegsjahren und Konzentrationslagern anders gewesen. Auch damals sei es nicht egal gewesen, ob es jemanden gab oder nicht. Frankl sprach einmal von einem Mosaik, einem Puzzle, das unvollkommen wäre, wenn auch nur ein einziges Teilchen fehlen würde. So ähnlich solle man sich eine menschliche Gemeinschaft vorstellen. Wenn jemand vorzeitig aus dem Leben aussteigt, dann fehlt etwas ganz Entscheidendes im großen gemeinschaftlichen Ganzen – das dann ohne ihn eben nicht mehr ganz ist.

Sich wenigstens aufheben

Denise kommt noch ein paar Mal zu mir. Sie liebt die logophilosophischen Gespräche über Sinn und Sein. Unsere Dialoge findet sie spannend, was auch für eine noogene Problematik spricht: Eine Sehnsucht nach Sinn ist ihr Thema hinter ihren zynischen Wendungen gegen das Leben. Wir versuchen, einige von Frankls Ausführungen[13] auf ihr eigenes Leben anzuwenden. Wo könnte er sein, jener Platz, an dem sie fehlen würde? Was sind ihre Talente, die irgendwo in der Welt dringend gebraucht werden? Auch wenn wir auf Anhieb kaum etwas entdecken, akzeptiert sie immerhin die folgende Argumentation Frankls: Wenn jemand *aktuell* in seinem Leben keinen Sinn sieht, dann sei es seine sinnvolle Aufgabe in der Gegenwart, *sich aufzuheben* für einen späteren luziden Moment, an dem ihm ein solcher Sinn vielleicht offenbar werden würde.

Ein großer und ein kleiner Haltehaken

Der größte Haken, der Denise vor dem Absturz noch hielt und nicht in weitere Suizidversuche abrutschen ließ, war die Sorge um ihre Mutter und ihren Bruder. Sie wollte auch als Tote nicht die Verantwortung dafür tragen, dass ihr Bruder bei einem bestimmten Lied stets schluchzend an sie dachte. Sie wollte nicht schuld daran sein, dass die Mutter vor lauter Schmerz einknickte. Ich festigte diesen Haken nach Kräften.

---

[13] Vgl. dazu das Kapitel „Der Aufgabencharakter des Lebens“ in Frankl, Ärztliche Seelsorge.

Bei unserem letzten Gespräch war sie am Überlegen, ob sie nicht eine Ausbildung in einem Hotel in Rom beginnen und dafür ihr Italienisch aufpolieren sollte. Das klang hoffnungsvoll. Ein Ziel war in ihre Gedankenwelt eingedrungen. Ob sie wieder zurückfallen würde in die nihilistischen Gedanken zum Unwert ihrer eigenen Existenz und zur Sehnsucht nach dem Nichtsein – wer weiß? Ich hoffe inständig *nicht*, aber ich wage keine Prognose.

Emilia

Einer, den nichts mehr, nicht einmal die Bindung an seine Familie, am Leben gehalten hat, war der Vater von Emilia. Er war einer der vielen Unglücklichen, die sich vor einen Eisenbahnzug werfen.

Allerdings dauerte es eine Weile, bis seine Angehörigen davon erfuhren. Sie wussten nur, dass er auf Geschäftsreise war und sorgten sich, weil sie lange nichts von ihm hörten. Der Mann war aber nicht auf Geschäftsreise, sondern hatte sich in eine entlegene Ecke der Bretagne begeben, aus der seine Vorfahren stammten. Dort tötete er sich. Die Polizei musste aus den völlig zerfetzten Überresten erst seine Identität ermitteln, und es dauerte, bis man seine Familie in Deutschland benachrichtigen konnte.

Danach durchsuchten Frau und Kinder den Schreibtisch des Mannes und fanden einen Abschiedsbrief – der jedoch mehr Rätsel aufgab als löste. Der Vater verabschiedete sich in seinem Brief liebevoll von Frau und Kindern und beschwerte sich über die Kollegen in seiner Firma, die ihn beim Chef angeschwärzt hätten. Niemand verstand, dass so eine Kleinigkeit so schwer wiegen sollte, schwerer als die Verpflichtung gegenüber einem Familienverband mit drei Kindern. Außerdem: Erst wenige Wochen zuvor hatte der Mann mit seinem ältesten Sohn gemeinsam den Plan geschmiedet, sich in der IT-Branche selbständig zu machen. Er wäre also sowieso eher früher als später aus seiner alten Firma ausgestiegen – warum dann die große Aufregung über die Kollegen?

Auch die Ehe des Mannes war vielleicht etwas angestaubt, aber auf keinen Fall schlecht. Die Kinder liebten ihren Vater, und er war stolz auf sie. Da war nichts, was man nachvollziehen konnte. Bis auf die überschaubaren Konflikte mit einigen Arbeitskollegen führte der Mann ein von außen betrachtet zufriedenstellendes Leben mit viel Gutem darin.

Aufklärende und begleitende Gespräche

Emilia spekuliert: Vielleicht wollte ihr Vater einfach seine Ruhe haben. Ungefähr so ähnlich hat sie selbst vor einem halben Jahr empfunden, als eine Liebesbeziehung mit einem Freund schmerzlich auseinandergegangen ist. Da hatte sie kurze Zeit auch an Suizid gedacht, weil sie einfach Ruhe haben wollte von ihrem Schmerz. Ruhe haben auch, weil sie nicht mehr peinlich von ihren Bekannten über die Trennung befragt werden wollte. Aber es seien nur kurzfristige Erwägungen gewesen, die sie damals angestellt und bald wieder von sich gewiesen habe. Das nimmt sie ihrem Vater am meisten übel: Durch sein Handeln hat er den Suizid zu einer begehbaren Sache gemacht, gleichsam zu einer ernsthaften Option in Krisenzeiten.

Über dieses Thema reden wir eine Weile. Es stimmt. Exempla trahunt wussten schon die Römer in der Antike: Vorbilder besitzen Anziehungskraft. Aber der Suizid-Einfall allein ist noch nicht brandgefährlich. Er ist nur ein daherwehender Gedanke, wie wir täglich tausende haben. Wir können ihn aufgreifen oder ihn verscheuchen. Ideen, Einfälle, Gedanken sind noch keine Beschlüsse. Ihnen fehlt unsere Stellungnahme als geistige Person, und erst je nach Stellungnahme werden sie einer Umsetzung zugeführt oder verworfen. Es melden sich ja auch konstruktive Ideenblitze in uns. Zum Beispiel: „Heute rufe ich meine alte Freundin an, um wieder einmal mit ihr zu plaudern“ oder „Jetzt überwinde ich mich endlich und mache mein Zimmer gründlich sauber!“ Solche Gedanken telefonieren nicht, noch reinigen sie die Wohnung. Ohne eindeutigen Beschluss bleiben sie zahnlos und verpuffen wirkungslos.

Analog tötet der Suizid-Einfall nicht. Alles hängt von unserer Stellungnahme zu ihm ab. Wenn wir ihn als destruktiv bewerten, können wir uns von ihm distanzieren. Wir können von ihm innerlich wegrücken, können notfalls unsere Trotzmacht des Geistes mobilisieren, wenn wir von dieser Idee allzu verführerisch umweht werden.

Freilich, die Verführung ist umso mächtiger, als wir mit einer solchen daherwehenden Idee zu kokettieren und zu liebäugeln beginnen. Schon die Überlegung, wie sie konkret auszuführen wäre, erhöht ihre Umsetzungswahrscheinlichkeit deutlich – beim Freundin besuchen oder Zimmeraufräumen ist das eine gute Sache. Aber bei einer das Leben bedrohenden Idee wie einem Suizid-Einfall darf damit gar nicht erst begonnen werden. Man muss dieses Gedankenspiel sofort kategorisch abschmettern. Zum Glück ist dies Emilia vor einem halben Jahr bei ihrem Liebeskummer gelungen. Sie hat einer angedachten Selbstvernichtung nicht zugestimmt.

Aber sie hat völlig Recht: Durch die Tat ihres Vaters ist die Unbefangenheit und Selbstverständlichkeit, mit der man lebt, ob man gerade froh oder bedrückt ist, für sie verloren gegangen. Der Suizid eines Elternteils, auch schon eines Großelternteils, steht als gedankliche Option für die nächsten Generationen im Raum, und das für alle Zukunft. Das macht es ihr schwerer, der Versuchung zu widerstehen, wenn sie das Leben einmal hart anpackt. Bei jeder persönlichen Katastrophe muss ein Nein zum Suizid neuerlich erkämpft werden, und das erfordert eine zusätzliche Abwehrkraft bei der Bewältigung der Katastrophe.

Emilia erzählt ferner, ihre Familie sei hilflos am Grübeln, was es denn gewesen sein könnte, das den Vater verzweifeln ließ. Ich frage vorsichtig ein bisschen nach. Nichts deutet auf eine Depression des Vaters im klinischen Sinne hin. Er war zwar einer, der sich bei einem Streit lieber ausklinkte und eine Runde um den Häuserblock drehte, aber das erklärt ja nichts.

Alsbald mischt sich in der Familie Zorn unter die Trauer. Der Vater scheint gemeint zu haben, irgendwelche Probleme mit seinem

Tod lösen zu können. Auch wenn es rätselhaft bleibt, was das gewesen sei, sind die Probleme, die er *den Seinen* damit aufgeladen hat, gigantisch. Alle schwanken zwischen Schuldgefühlen nach dem Motto: Haben wir ihn verletzt? Haben wir etwas übersehen? Hätten wir ihm helfen müssen? und Wut nach dem Muster: Warum tat er uns das an? Was drückt er uns für eine furchtbare Last damit auf! Warum lässt er uns allein?

Dazu kommen noch weitere große Probleme, die der Mann seiner Familie aufgehalst hat. Weil sein Verdienst wegfällt, wird es für seine Angehörigen finanziell deutlich enger. Auch fielen hohe Kosten für die Überführung aus Frankreich und die Beerdigung an. Der Vater fehlt als Studiencoach für seine drei studierenden Kinder, und er fehlt als Partner für seine Frau, die nicht nur nicht weiß, wie sie den Kredit für die Eigentumswohnung zurückzahlen soll. Sie weiß auch nicht, wie sie mit dem unausgesprochenen, aber deutlich spürbaren Verdacht ihrer Bekannten, dass ihre Ehe wohl im Eimer gewesen sein muss, zurechtkommen soll.

Nachtragen oder nicht?

In einer anderen Therapiesitzung sprechen wir über die Erleichterung durch ein Nicht-mehr-Nachtragen. Das Wort „nachtragen“ verrät uns viel. Auf wessen Schultern liegt der Klumpen des Zorns, wenn einer jemandem etwas nachträgt? Natürlich auf den Schultern des Nachtragenden! Jener andere, der ihm das Leid zugefügt hat, merkt von dieser Last oft wenig oder gar nichts. Auch in Emilias Fall erfährt ihr Vater nichts davon. Der Nachtragende hingegen schleppt sich unter diesem Gewicht gebeugt auf seinem Lebensweg dahin. Ob Emilia das wirklich will? Ihr Leben ist in so vieler Hinsicht schwieriger geworden, weil der Vater nicht mehr da ist, und weil die Trauer um ihn riesig ist – und dann auch noch nach*tragen*? Das kann sie sich von ihrem Kräftehaushalt her gar nicht leisten. Sie braucht alle Energie dafür, das laufende Semester wenigstens passabel abzuschließen und möglichst die vorrangigsten Prüfungen zu bestehen. Das sieht sie ein.

Zum Verzeihen kann sie sich noch nicht aufraffen. Zu sehr bohrt in ihr das Nichtverstehen, das Allein-gelassen-Sein vom Vater. Nicht nachzutragen ist eine Nummer kleiner. Das will sie versuchen.

Zwischenergebnisse

Das Semesterende kommt, und Emilia hat 80% der geplanten Arbeiten und Prüfungen geschafft. Das ist respektabel unter den vorliegenden Bedingungen. Geholfen hat ihr unter anderem, dass sie ihren engsten Kommilitoninnen vom Suizid des Vaters erzählt hat, und diese gut mit ihr umgegangen sind. Es war allseits in Ordnung, wenn sie aus einer Vorlesung hinausgegangen ist, weil sie weinen musste. Niemand stellte unsensible Fragen.

Aber die nächste Hürde liegt noch vor ihr. Auf einer geplanten interdisziplinären Exkursion nach Griechenland im Fach Alte Geschichte wird sie mit fremden Studierenden von anderen Universitäten zusammenkommen. Sie kennt niemanden aus der Gruppe und fürchtet, sich einsam und verloren vorzukommen, wenn niemand Vertrauter da ist, und wenn ihr die Trauer den Hals abschnürt. Allerhand Bedenken plagen sie. Werden dumme Bemerkungen kommen, wenn sie das Bild ihres Vaters anschaut und weint? Wer wird für sie da sein, wenn sie gütlichen Zuspruch braucht? Wem gegenüber darf sie sich öffnen?

Ich denke mir ihr darüber nach. Fakt ist: Die Trauernden müssen es den (momentan) Nicht-Trauernden leichter machen. Denn die Nicht-Trauernden sind keine Hellseher. Auch Einfühlungsvermögen ist nicht jedermanns Stärke. Wenn also die Trauer Emilia überfällt, kann sie entweder erklären, was mit ihr los ist – wenn sie das will. Oder wenn sie das nicht will, reicht der Satz: „Darüber möchte ich nicht sprechen.“ An der Reaktion ihres jeweiligen Gegenübers wird sich die Spreu vom Weizen trennen. Wer nicht rücksichtsvoll reagiert, den soll sie einfach beiseitelassen. Bei wem sie auf Verständnis trifft, an den kann sie sich quasi anlehnen.

Es den Nicht-Trauernden leichter zu machen, kann auch bedeuten: „Nehmt mich mit", wenn sie irgendwo dabei sein möchte. Vielleicht tut es ihr sogar gut, unter unbekannten Studierenden zu sein. Es wird ihr helfen, ihre Konzentration auf außerfamiliäre Inhalte zu lenken, das wird sie stärken.

Tatsächlich berichtet mir Emilia drei Wochen später, dass die Exkursion ein Erfolg war. Sie hat selten geweint. Wenn, dann ist sie dafür ein Stück von der Gruppe weggegangen, was niemandem aufgefallen ist. Mit einem Kommilitonen hat sie sich sogar ein wenig angefreundet, dem hat sie ihren Schmerz anvertraut. Auch das ging gut. Er hat behutsam reagiert und ihr seinerseits offenbart, dass seine Eltern sich soeben in einem fürchterlichen Streit trennen, was auch für ihn schmerzhaft ist.

Endergebnis

Ich begleite Emilia noch eine Weile. Die große Eigentumswohnung der Familie musste verkauft werden, sie war ohne das Einkommen des Vaters nicht zu halten. Aber keines der drei Kinder muss das Studium abbrechen. Die Mutter arbeitet wieder als Vollzeitkraft. Bei allen bleibt die Trauer um den Mann bestehen, der sein eigenes Leben beendet und das der Zurückgebliebenen enorm verändert hat. Die Wut über seine unfassbare Entscheidung verblasst jedoch allmählich.

Die Trauer ist die „Hüterin unserer Schätze" (Lukas), der Schätze eines rückblickend schönen Lebensabschnittes. Arm sind im Grunde diejenigen Menschen, die niemals etwas zu betrauern haben, denn ihre Schatzkiste ist leer.

Schlussüberlegung zu beiden Fällen

Was kann ich zusammenfassend zu dem erschütternden Thema Suizid sagen, das zwei junge Frauen so unterschiedlich beschäftigt hat? Die eine weint um den Vater, der sich das Leben nahm. Die Sehnsucht der anderen ist es, dass ihr ein Suizid gelingen möge. Es bleiben ein Suizid, den man nicht versteht, und ein Suizid-Wunsch, den man nicht versteht.

Was die eine junge Frau noch am Leben hält, ist das Leid, das sie Mutter und Bruder bei einer kompletten Lebensabsage antäte. Diesbezüglich handelt sie verantwortungsbewusst – diametral gegen ihre eigenen Tendenzen. Das Gegenteil ist der anderen geschehen: Ihr Vater hat ein Problem bedauerlicherweise nicht so verantwortungsbewusst gehandhabt – und der Familie damit Riesenbelastungen zugemutet, die sie neben ihrer Trauer stemmen muss. Aber wer wagt zu richten? Es mag durchaus sein, dass Verzweiflung oder Verführung so groß sind, dass sie einen Menschen in den Suizid zu drängen scheinen. Man kann kein Leid abmessen und mit einem anderen vergleichen.

Was aber sicher ist: Ein Suizid reißt enorme seelische Verwundungen und schmerzende Betroffenheit auf, zuvörderst bei allen Menschen, die einem nahestehen und auch noch weit darüber hinaus. Im Fall von Emilias Vater waren Ärzte, Sanitäter, Putzkolonnen und Bestatter involviert. Jemand musste den Toten bergen und noch die letzten Fetzen seines Körpers aus den Schienengeleisen kratzen, um sie würdevoll in den Sarg zu legen. Man vergesse auch nicht den Lockführer, der damit weiterleben muss, sehenden Auges einen Menschen überfahren zu haben.

Eine Lücke entsteht, ein Mensch fehlt unnötigerweise. Er hätte trösten können und lachen, er hätte andere bei ihren Vorhaben ermuntern und unterstützen können, er hätte unersetzlich sein können in hunderttausend Situationen, die er noch gar nicht kannte, die aber auf ihn zugekommen wären.

In Frankls provokanter Frage, warum jemand sich denn *nicht* umbringen will, steckt die Quintessenz einer Suizid-Prophylaxe: *An die Mitwelt denken!* An die potentielle Aufgabe, die auf einen wartet. An den vielleicht wertvollsten Liebesdienst, den es gibt: Die anderen vor dem desaströsen Vorbild zu schützen, das ein Suizid in die Welt setzt.

Die Geschichte zeigt unentwegt, dass öffentlich gewordene Lebensabsagen einen kaum vorstellbar starken Sog haben. Am bekanntesten ist der Begriff des „Werther-Effekts“ geworden, der seinen Namen durch die hohe Anzahl von Suiziden nach dem Vorbild einer Romanfigur von Wolfgang von Goethe erhielt. Ähnlich dramatisch verlief der Fall einer jungen Frau, die 1933 in den aktiven Schlund des japanischen Vulkans Mihara sprang. Im selben Jahr gab es 944 (!) Nachahmer, bevor der Zugang zum Krater gesperrt wurde. Viele Zeitungen haben in ihrem Ethik-Kodex den Eintrag, dass sie nicht von Suiziden berichten werden, um genau diese verheerende Vorbildwirkung nicht in Gang zu setzen. Wie Emilia sagte: Seit ihr Vater sich umgebracht hat, ist eine Option, was keine Option sein sollte.

Was hat das alles mit unserem Grundthema „Verzicht“ zu tun? Es braucht Mut und mitunter Heldentum, um die eigenen Beschwernisse, wie gravierend sie auch sein mögen, zu schulten und darauf zu verzichten, ein negatives Beispiel in die Welt zu setzen. Es brauchte den Verzicht darauf, anderen Menschen Probleme aufzuladen, wenn man meint, seine eigenen nicht aushalten zu können. Es brauchte den Verzicht darauf, mit einer Kurzschlusshandlung selber Ruhe zu finden und gleichzeitig unaufhörliche Unruhe zu stiften – *es braucht einen Verzicht aus Liebe zu den anderen.*

Ergebnis

Geschichten, die sich um einen ernst gemeinten Sterbewunsch ranken, enden nicht mit einem Happy End. Auch dann nicht, wenn dem Sterbewunsch nicht nachgegeben wird. Ein Rest eines Neins auf die Sinnfrage des Lebens bleibt in den verwinkelten Gedankengängen des Betreffenden haften und stimmt dessen Gesamtbefindlichkeit um eine Oktave tiefer. Es ist möglich, dass er es vor seinen Mitmenschen verbergen kann – aber nicht vor seinem eigenen innersten Wesen.

Wir Profis wissen das, und dies streut in jeden Tag unserer Arbeit ein Sandkörnchen leiser Sorge hinein, jene Sorge, die nicht ein Derivat der Angst, sondern der liebenden Fürsorge ist. Die Psychotherapie ist ein wunderbarer Beruf. Da man aber ununterbrochen mit seelisch aufgewühlten Personen zu tun hat, muss man sich dankbar schätzen, wenn ein Jahr vergangen ist, in dem sich keiner der Patientinnen und Patienten umgebracht hat. Man erinnere sich nur an den Fall „Robert", dessen Leben zu einem gewissen Zeitpunkt ebenfalls auf der Kippe gestanden ist. All die stolzen Erfolge, die man in seiner Praxis erzielen kann, wiegen kein verlorenes Menschenleben auf. Die Einsicht, die daraus entspringt, lautet:

Wir Profis können Suizide nicht verhindern, wenn jemand fest dazu entschlossen ist. Aber wir können unsere ganze Kraft und unsere Fähigkeiten dafür einsetzen, dass diejenigen, die sich uns anvertrauen, wieder „trotzdem Ja zum Leben sagen" – trotz sämtlicher Schwierigkeiten, die sie umtreiben mögen, trotz sämtlicher Schicksalsschläge, die sie beuteln mögen. Das zumindest schulden wir Viktor E. Frankl, der uns nicht nur seine menschenfreundliche Lehre, sondern auch sein diesbezügliches persönliches Vermächtnis hinterlassen hat.

Synopsis

Ziehen wir Bilanz: Sinnvolle Verzichte sind ein adäquates Mittel, um vielerlei Arten von Störungen zu vermeiden oder zu beheben. Es mögen individuelle seelische Störungen sein, wie in den Fallgeschichten dargelegt. Es kann sich aber auch um globale Störungen handeln. Beides ist eng miteinander vernetzt.

Wir leben in einer Ära, in der sich die Erdbevölkerung rasant vermehrt, und gleichzeitig die von Menschen bewohnbaren Erdgebiete sukzessive schrumpfen. Sei es, dass sie auf Grund des Temperaturanstiegs austrocknen und verwüsten, sei es, dass sie vom steigenden Meeresspiegel verschlungen werden, oder sei es, dass sie durch Denaturierung, Giftmüll oder atomare Verstrahlung unbrauchbar werden. Was passiert, wenn sich zu viele Menschen auf zu wenig Land zusammendrängen müssen? Das kann sich jedermann ausrechnen, dazu benötigt man keine psychologischen Kenntnisse. Wenn sich zusätzliche Lebensmittelknappheit einstellt, ist der Weg für Horrorszenarien frei.

In dieser Situation ist die Verschwendung von Ressourcen eine Todsünde, die buchstäblich den Tod ankündigt. In dieser Situation sind ferner gegenseitige Rivalität und Animositäten die Spielereien mit einer Zündschnur, die an ungeheuren Sprengköpfen hängt. Dem allen ist einzig und allein mit einer radikalen Verzichtsbereitschaft zu wehren: Dem Verzicht auf Wohlstand auf Kosten von Natur und Gesundheit, dem Verzicht auf die gewaltsame Durchsetzung von Eigeninteressen und dem Verzicht auf jeglichen Anspruch, der sich nur auf unfaire Weise erfüllen lässt.

Nicht bloß die junge Generation ist gut beraten, sich in sinnvollen Verzichten einzuüben. Auch die älteren Leute sollten ihre Gewohnheiten durchstöbern und in sämtlichen Lebensbereichen zur freiwilligen Bescheidenheit zurückkehren. Essensreste können wieder verwertet statt weggeworfen werden. Kleidungsstücke können jahrelang getragen werden. Viele Wegstrecken können zu Fuß statt motorisiert zurückgelegt werden, Dissonanzen mit den Mitmenschen können gütlich beigelegt werden. Elektronische Geräte können stundenlang ausgeschaltet bleiben. Und jede Form von Luxus kann leichten Gemüts geopfert werden.

Wer sich um all dies redlich bemüht, wird etwas Erstaunliches entdecken: *Kurzfristige sinnvolle Verzichte erbringen langfristige Gewinne!* Gewinne an Lebenskraft, Freude und Frieden. Hand aufs Herz: Wären sie dies nicht wert?

Über die Autorinnen

Univ.-Prof. h.c. Dr. habil. phil. Elisabeth Lukas

ist Schülerin von Viktor E. Frankl. Sie spezialisierte sich auf die praktische Anwendung der von ihm begründeten Logotherapie, die sie methodisch weiterentwickelte. Ihre mehr als 30jährige Erfahrung als Klinische Psychologin und approbierte Psychotherapeutin kam ihr bei ihrer Lehrtätigkeit auf Einladung von ca. 50 Universitäten zugute. Sie hat nicht nur Hunderten Patientinnen und Patienten Beistand und Lebenshilfe geleistet, sondern auch als Dozentin eine ganze Generation an logotherapeutischen Fachkräften ausgebildet. Ihre zahlreichen Vorträge sowie Publikationen in 20 Sprachen machten sie international bekannt. Ihr Werk ist mit der Ehrenmedaille der Santa Clara Universität in Kalifornien, mit dem Großen Preis des Viktor-Frankl-Fonds der Stadt Wien und mit einer Ehrenprofessur an der Universität Moskau ausgezeichnet worden.

Dr. phil. Heidi Schönfeld

ist Schülerin von Elisabeth Lukas, Logotherapeutin und Heilpraktikerin für Psychotherapie und sinnzentrierte Lebensberatung in eigener Praxis. Sie ist Gründerin und Geschäftsführerin der Elisabeth-Lukas-Archiv gGmbH, der eine Akademie für Logotherapie angeschlossen ist. In Insiderkreisen zählt sie in Bezug auf ihre Tätigkeit als Dozentin und Referentin im Fach „originäre Logotherapie nach Viktor E. Frankl“ zur Weltelite. Insbesondere ihre Online-Kurse in Deutsch und Englisch, die sie gemeinsam mit Alexander Vesely-Frankl, dem Enkelsohn Frankls, anbietet, sind überaus gefragt. Ferner hat sie sich einen Namen als Autorin, Supervisorin, und Trainerin in logotherapeutischer Gesprächsführung gemacht.

LEBENDIGE LOGOTHERPIE | ELISABETH LUKAS ARCHIV

Eine Publikationsserie im Elisabeth-Lukas-Archiv

PSYCHOTHERAPIE IN WÜRDE
Logotherapie konkret

Autorinnen: Elisabeth Lukas, Heidi Schönfeld
1. Edition: September 2020
ISBN: 978-3-00-065407-7
e-Book-ISBN: 978-3-00-065406-0

SINNVOLLER VERZICHT
Krisenmanagement neu gedacht

Autorinnen: Elisabeth Lukas, Heidi Schönfeld
1. Edition: September 2024
ISBN: 978-3-384-33473-2
e-Book-ISBN: 978-3-384-33474-9

LIVING LOGOTHERAPY
A publication series of the Elisabeth-Lukas-Archive gGmbH
ELISABETH LUKAS ARCHIVE

LOVE LIVES ON IN GRIEF
Author: Elisabeth Lukas
1. Edition: Mai 2024
ISBN: 978-3-384-21037-1
e-Book-ISBN: 978-3-384-21038-8

PSYCHOTHERAPY WITH DIGNITY
Logotherapy in Action
Authors: Elisabeth Lukas, Heidi Schönfeld
1. Edition: September 2021
ISBN: 978-3-00-066694-0
e-Book-ISBN: 978-3-00-066693-3

LOGOTHERAPY
Principles and Methods
Author: Elisabeth Lukas
1. Edition: September 2020
ISBN: 978-3-00-066678-0
e-Book-ISBN: 978-3-00-066679-7

MEANING-CENTRED PSYCHOTHERAPY
Viktor Frankl's Logotherapy in Theory and Practice
Authors: Elisabeth Lukas, Heidi Schönfeld
1. Edition: August 2019
ISBN: 978-3-00-063600-4
e-Book-ISBN: 978-3-00-0642746

MIX
Papier | Fördert gute Waldnutzung
FSC® C083411

Zeitfracht Medien GmbH
Ferdinand-Jühlke-Straße 7
99095 Erfurt, Deutschland
produktsicherheit@kolibri360.de